AF855108

Droit pénal
et nouvelles technologies

Comité International des Pénalistes Francophones

La présente collection se destine à la publication des travaux du Comité des Pénalistes francophones. Elle comprend notamment les actes des congrès internationaux organisés par le Comité.

Jean-Paul CÉRÉ, Joan Miquel RASCAGNÈRES

et Etienne VERGÈS (dir.)

Droit pénal
et nouvelles technologies

L'Harmattan

5-7, rue de l'Ecole-Polytechnique, 75005 Paris

http://www.harmattan.fr
diffusion.harmattan@wanadoo.fr
harmattan1@wanadoo.fr

ISBN : 978-2-343-06503-8
EAN : 9782343065038

Les auteurs

Mohamed CHAWKI
Conseiller d'Etat (Egypte)
Président de l'association internationale de lutte contre la cybercriminalité
Federica COPPOLA
Doctorante en Droit, European University Institute, Florence (Italie)
Julie DESROSIERS
Professeure à la Faculté de droit, Université Laval (Canada)
Rodrigo De SOUZA COSTA
Professeur à l'Université d'Etat de Rio de Janeiro (Brésil)
Georgia Martha GKOTSI
Faculté de Biologie et de Médecine,
Faculté de Droit et Sciences Criminelles, Univ. de Lausanne (Suisse)
Unité de recherche en psychiatrie et psychologie légales, institut de psychiatrie légale (IPL), Département de Psychiatrie du Centre Hospitalier Universitaire Vaudois (CHUV)
Audrey GUINCHARD
Professeur à l'Université d'Essex (Royaume-Uni)
Carlos Eduardo Adriano JAPIASSÚ
Professeur à l'UERJ, UFRJ et UNESA (Brésil)
Secrétaire général de l'Association internationale de droit pénal (AIDP)
Président du Groupe Brésilien de l'AIDP
Carlos A. MAHIQUES
Magistrat. President Sala III. Cámara Nacional de Casación en lo Criminal y Correccional, Buenos Aires (Argentine)
Philomène NASR
Professeur à l'Université Libanaise
Doyen honoraire
Nicola PADFIELD
Master au Fitzwilliam College, Cambridge (Royaume-Uni),
Reader in Criminal and Penal justice
Joan Miquel RASCAGNERES
Avocat au Barreau d'Andorre, Ancien Bâtonnier,
Ancien membre du Comité de prévention contre la torture (Conseil de l'Europe)
Frédéric STASIAK
Professeur à l'université de Lorraine (France)

Avant-propos

Ce fut un grand honneur et un grand plaisir de pouvoir organiser, en Principauté d'Andorre, le IIIème Congrès International des Pénalistes francophones. Tâche menée en étroite collaboration avec le Président du Comité, Jean-Paul CÉRÉ. De longs mois de préparation pour aborder un domaine prometteur et qui permettait de nous projeter dans un futur proche. « Droit pénal et nouvelles technologies », un sujet d'actualité, au vu de la jurisprudence émanant de différents pays et relatives aux nouvelles méthodes d'investigation policière et judiciaire. Ainsi, peu avant le Congrès, la justice espagnole autorisait l'utilisation des plus récentes techniques de la neuroscience dans le cadre d'une instruction pénale. Mais, au-delà des neurosciences, le programme du Congrès s'intéressait aussi à la cybercriminalité et au vaste domaine de l'exécution des peines, et, plus spécifiquement à l'utilisation des nouvelles technologies de surveillance. Enfin, l'accent était mis sur l'articulation entre ces différentes technologies et la jurisprudence de la Cour Européenne des droits de l'homme, en matière de droits fondamentaux.

Se profilait donc un Congrès d'un grand intérêt, eu égard, en outre, à la qualité des différents intervenants pressentis.

Et cet intérêt se fait encore plus évident, à la lecture des différentes conférences, objet de cet ouvrage. Les participants offrent au lecteur, qui certainement leur en sera gré, leurs plus récentes analyses dans les domaines dont s'agit. Je ne peux donc que leur exprimer ma gratitude la plus profonde, pour l'excellence indéniable de ces travaux, qui apportent nombre d'éléments nouveaux dans des matières que les juristes peuvent avoir quelques difficultés à appréhender. L'articulation entre nouvelles technologies et droit pénal est de grande importance, dans les temps actuels, et, sans nul doute, acquerra, dans les mois et années à venir, une place dans la science juridique qui, de prime abord, pourrait sembler difficile d'apprécier.

Au fil de la lecture, nous découvrirons ainsi la profondeur des réflexions de Mohamed CHAWSKY et de Audrey GUINCHARD sur les nouvelles formes de criminalité qui envahissent la toile; les idées novatrices de Federico COPPOLA, en matière de neurosciences ;

l'émergence de la neuroscience aux Etats-Unis grâce à l'étude de Georgia Martha GKOTSI et enfin l'application des nouvelles technologies à la procédure pénale et à l'exécution des peines, grâce aux travaux de Julie DESROSIERS, Rodrigo DE SOUZA COSTA, Nicola PADFIELD, Philomène NSAR, Carlos A. MAHIQUES et Carlos Eduardo JAPIASSÚ.

En résumé, un tour du monde, en un seul ouvrage, de matières juridiques pleinement dans l'actualité et exposées par des universitaires francophones de grand talent et dont les mérites sont reconnus par tous.

Je ne peux clore ce bref prologue sans exprimer une nouvelle fois mes remerciements à tous, ainsi qu'à l'auteur du rapport conclusif, le Professeur Frédéric STASIAK. Sans oublier évidemment le Président du Comité International des Pénalistes Francophones, qui, outre toutes les tâches qu'il a assumées lors de la préparation du Congrès et de cet ouvrage, a accepté d'y inclure un article sur le droit andorran, fort méconnu hors de nos frontières, et relatif à la protection du secret des communications. Et je peux donc que souhaiter que, à rebours de cet intitulé, les communications, objet du présent livre, jouissent de la diffusion la plus large possible. Elles le méritent.

J.M. RASCAGNERES

Avocat au Barreau D'Andorre
Ancien Bâtonnier

Cybercriminalité
et droit pénal

L'entreprise face à la cybercriminalité

Audrey GUINCHARD

Professeur à l'Université d'Essex (Royaume-Uni)

À partir de la fin de la second guerre mondiale, la mise en place d'un puissant réseau mondial de télécommunications, alliée, dès les années soixante, à l'utilisation croissante des systèmes informatiques comme moyen de gestion de données et de services, a contribué à l'émergence de la « révolution numérique », d'une « seconde Révolution Industrielle » selon les termes mêmes du Manuel des Nations Unies de 1994 sur la prévention et la répression de la criminalité informatique[1]. L'entreprise est au cœur de cette révolution, de par l'émergence d'une industrie de services fondée sur l'échange d'informations et de données à caractère personnel ou non, et acquérant souvent valeur économique[2]. L'arrivée du micro-processeur dans les années soixante-dix, l'ouverture au public du réseau internet dans les années quatre-vingt, la généralisation de l'ordinateur individuel et le développement du world wide web dans les années quatre-vingt dix[3], n'ont fait qu'accélérer cette révolution dont bénéficient tant « les entreprises, les gouvernements [que] les individus »[4].

Les instances européennes et internationales soulignent très tôt ces aspects positifs du recours aux systèmes informatiques par

---

[1] United Nations Manual on the prevention and control of computer-related crime, *International review of criminal policy*, 1994, n. 43 & 44, p. 1 (notre traduction de l'original anglais). Disponible à
http://www.uncjin.org/Documents/EighthCongress.html (25 avril 2014)

[2] OCDE Report, ICCP n. 10, *Computer-related crime: analysis of legal policy*, 1986, p. 23. La monétisation des données personnelles a depuis fait l'objet de plusieurs rapports par l'OCDE et par le WEF.

[3] ARPANET est créé en 1969 par l'armée américaine, est ouvert à la société civile dès 1983 et est relié au réseau européen en 1988. Le protocole TCP/IP finalise en 1978 est adopté par ARPANET en 1983. M. Ziewitz & I. Brown, « A prehistory of internet governance », in I. Brown (ed.), *Research Handbook on Governance of the Internet*, Edward Elgar, 2013, p. 7. La création en 1989 de la technologie du « world wide web » par Thomas Berners-Lee au sein du CERN transforme le réseau en en ouvrant l'accès au grand public qui peut désormais cliquer sur un lien hypertexte pour passer d'un site à l'autre. M. Quéméner & J. Ferry, *Cybercriminalité : Défi mondial et réponses*, Économica 2007, pp. 10-11.

[4] Manuel des Nations Unies, *préc.*, p. 1, § 2

l'entreprise et par les autorités publiques, mais elles s'inquiètent aussi assez vite des dangers d'une vie économique dépendante des systèmes et réseaux informatiques (ci-après SRI), et par suite susceptibles d'être vulnérable aux attaques et à l'utilisation à des fins criminelles des données illégalement obtenues. A partir de la fin des années soixante, en effet, le Conseil de l'Europe, puis successivement l'Organisation du commerce et du développement économique (OCDE), les Nations Unions et enfin beaucoup plus tard, l'Union européenne, s'interrogent sur les contours de la criminalité informatique et sur les moyens de sa prévention.

Cette prise de conscience de la criminalité informatique s'exprime d'abord de manière incidente, à travers le prisme de la protection des données personnelles et du respect de la vie privée comme moyen de *prévention* contre l'accès non autorisé aux données et leur utilisation à des fins criminelles. Le Conseil de l'Europe est le premier à engager une réflexion sur ce terrain, à partir de 1968, sous l'angle de l'article 8 de la Convention européenne des droits de l'homme[5]. S'en suit deux résolutions R (73) 22 et R (74) 29, remplacées en 1981 par la *Convention* 108, toujours en vigueur, *pour la protection des personnes à l'égard du traitement automatisé des données à caractère personnel*. Le Conseil de l'Europe est rapidement suivi tant par nombre de ses États membres et non-membres, comme les États-Unis[6], que par les autres instances internationales et européenne, elles aussi préoccupées des dangers liés aux systèmes informatiques. Ainsi, l'OCDE établit en 1980 ses *Lignes directrices sur la protection de la vie privée et les flux transfrontières de données de caractère personnel* qui ne seront révisées qu'en 2013. Dans le cadre des Nations Unies, le premier rapport du Rapporteur spécial Louis Joinet est soumis à la Sous-Commission de lutte contre les mesures discriminatoires et la protection des minorités en 1985 et sa version finale sera adoptée en 1990 par l'Assemblée générale par sa résolution 45/95 du 14 décembre 1990. Quant à l'Union européenne, si sa

---

[5] Recommandation 509 (1968) relative aux droits de l'homme et aux réalisations scientifiques et technologiques
modernes, disponible à http://assembly.coe.int/Mainf.asp?link=/Documents/Adopted (13 juin 2014)

[6] Pour un récapitulatif, voir le Rapport explicatif de l'OCDE sur les *Lignes directrices* de 1980, p. 17, § 4. Voir aussi M. Goodman & S. Brenner, « The Emerging Consensus on Criminal Conduct in Cyberspace », *International Journal of Law & Information Technology*, 2002, vol. 10, p. 139, § 3.1.2.

réflexion commence dans les années quatre-vingt, ce n'est pas avant 1995 que sera votée sa directive en la matière, directive qui fait d'ailleurs l'objet d'une révision depuis 2012.

À cette première vague d'initiatives portant sur la protection des données personnelles comme un moyen de *prévenir* la criminalité informatique, succède une deuxième vague de réflexion, cette fois expressément sur la criminalité informatique. Le Conseil de l'Europe est là encore précurseur de par l'adoption de trois recommandations[7] remplacées en 2001 par la Convention 185 sur la cybercriminalité. L'OCDE va, elle, publier le premier rapport substantiel en matière de cybercriminalité en 1986[8], qui inspirera le Conseil de l'Europe[9], et ne reviendra d'ailleurs plus ces questions si ce n'est de manière incidente, lors de discussions sur la cyber sécurité. Pour les Nations Unions, tous les Congrès pour la prévention du crime et la justice pénale à partir de celui de 1985 vont consacrer soit un atelier soit une session à la cybercriminalité, et vont proposer plusieurs recommandations adoptées par l'Assemblée générale et qui invitent les États membres à mettre à jour leur arsenal législatif de droit pénal et à améliorer la coopération en matière d'enquêtes. Par ailleurs, sera publié en 1994 le Manuel des Nations Unies sur la prévention et la répression de la criminalité numérique, en 2009 le *Guide pour les pays en voie de développement* sur la cybercriminalité de l'UIT, puis en février 2013 *l'Étude approfondie sur la cybercriminalité* par l'ONUDC. Les Nations Unies n'ont cependant pas adopté à ce jour une convention internationale sur la cybercriminalité, l'idée ayant été rejetée à la fin du 12e Congrès pour la prévention du crime et la justice pénale en 2010, beaucoup ayant estimé la Convention 185 être un instrument juridique adéquat avec l'avantage d'être obligatoire une fois ratifiée[10]. D'où la position phare du Conseil de l'Europe dont la réflexion commencée en 1976 va aboutir à l'adoption en 2001 de

---

[7] R (81)12 sur la criminalité des affaires ; R (89) 9 sur la criminalité en relation avec l'ordinateur ; n° R (95) 13 relative aux problèmes de procédure pénale liés à la technologie de l'information

[8] OCDE, *La fraude liée à l'informatique : analyse des politiques juridiques*, Paris *1986.* Le titre anglais n'emploie pas le terme de « fraude » mais celui plus générique de « computer-related crime » (criminalité informatique)

[9] Rapport A. Bequai sur La criminalité informatique (Recommandation R (89) 9), Strasbourg 1990

[10] Rapport du douzième Congrès (18 mai 2010) – A/CONF.213/18, pp. 62-63, § 200-208. Si les conditions de définition du crime organisé sont réunies, la Convention des Nations Unies contre la criminalité organisée du 15 novembre 2000 est applicable.

la Convention 185. Celle-ci est *de facto* devenue *la* convention internationale sur la cybercriminalité car elle est progressivement ratifiée par d'autres pays hors du Conseil de l'Europe, comme les États-Unis, l'Australie, le Japon, l'île Maurice, la République dominicaine et le Panama. Elle est aussi reconnue par les autres instances, comme les Nations Unies et l'OCDE, comme la référence en matière de lutte contre la cybercriminalité. Par ailleurs, mais plus tardivement que les autres instances précitées, l'Union européenne va elle aussi s'engager dans une réflexion sur la cybercriminalité adoptant la décision-cadre de 2005/222/JAI qui vient d'être remplacée par la Directive 2013/40/UE qui intègre justement l'article 6 de la Convention 185 sur les outils facilitant la commission d'actes cybercriminels.

Deux constats ressortent aujourd'hui de cette réflexion sur la cybercriminalité. D'une part, le développement des réseaux a transformé la criminalité informatique, ce que le vocabulaire des instances internationales et européennes reflète, passant « d'un crime informatique (computer-related crime), lié aux technologies du numérique qui fait partie de la criminalité en *col blanc* », au « cyber-crime » « une forme du crime informatique qui fait appel aux technologies de l'Internet pour sa réalisation. »[11] D'autre part, il existe un « consensus de base » en droit pénal substantiel, selon les termes même du rapport de l'ONUDC de février 2013[12]. Certes, ce consensus n'équivaut pas à un constat d'harmonisation de la législation pénale des différents pays, et les efforts en ce sens doivent se poursuivre, notamment par la ratification de la Convention 185 du Conseil de l'Europe. Néanmoins, des quatorze conduites identifiées par l'ONUDC comme relevant de la cybercriminalité, onze ont été criminalisées, dont notamment l'accès, l'interception et l'interférence illégale avec les systèmes informatiques et les données informatiques, l'usurpation d'identité et la violation des droits de propriété intellectuelle, sous réserve de la question de la criminalisation des outils informatiques créés, vendus et utilisés pour commettre ces infractions[13], et sur laquelle nous reviendrons au cours de notre étude.

La question en revanche qui n'est pas toujours clairement abordée est celle de la responsabilité pénale de l'entreprise. La

---

[11] UIT, *Programme mondial cyber sécurité*, 2007, p. 43 (nous soulignons)

[12] Étude approfondie sur la cybercriminalité, 2013, p. 77

[13] *Id.* pp. 77-78

Convention 185 et la directive 2013/40/UE sur la cybercriminalité reconnaissent le principe de la responsabilité pénale des personnes morales ; mais les discussions ne sont pas abondantes, les instances internationales et européennes préférant aborder le rôle de l'entreprise face à la cybercriminalité sous un autre angle, celui de la cybersécurité, avec la création d'obligations dont le manquement peut entraîner une responsabilité juridique.

L'OCDE est la première à lancer cette troisième vague de réflexion en 1988, publiant les *Lignes directrices régissant la sécurité des systèmes d'information* en 1992, soit six ans après sa propre analyse de la criminalité informatique. Elle les révise de manière substantielle en 2002 et va donner par-là à la fois l'impulsion et la direction des politiques de cybersécurité à l'échelle tant nationale qu'internationale. À l'échelle nationale, parce que nombre de ses pays membres vont progressivement élaborer une politique de cybersécurité fondée sur le texte de l'OCDE[14] ; à l'échelle internationale car les principes directeurs énoncés par l'OCDE restent encore aujourd'hui la norme de référence principale, voir unique, fondatrice de l'approche de la cybersécurité par les autres instances internationales et européennes, et même intégrées dans les normes internationales techniques de sécurité[15]. En effet, si l'Assemblée générale des Nations Unies adopte une résolution 57/239 du 20 décembre 2002 sur la *Création d'une culture mondiale de la cybersécurité*, elle reprend en fait presque mot pour mot le texte de l'OCDE sur les principes directeurs. Le *Guide* de l'UIT de 2007 sur la cybersécurité reprend aussi les grandes lignes directrices dégagées par l'OCDE. Si l'Union européenne a bien un programme de cybersécurité, aucune directive n'a pour l'instant été votée, qui en encadrerait le développement pour *tous* les SRI, et pas seulement « pour les réseaux et services de communications électroniques » (Directive 2002/21/CE) et pour les infrastructures critiques comme (proposition de directive en février 2013 modifiée par le Parlement en mars 2014). Dès lors prend toute son importance la déclaration

---

[14] Pour une liste des stratégies actuelles dans l'Union européenne et hors de l'UE, voir le site d'ENISA, http://www.enisa.europa.eu/activities/Resilience-and-CIIP/national-cyber-security-strategies-ncsss/national-cyber-security-strategies-in-the-world

[15] La norme technique ISO 27001 :2005 a intégré les principes dégagés par l'OCDE. Pour ce constat par l'OCDE elle-même, voir « The Role of the 2002 Security Guidelines: Towards Cybersecurity for an Open and Interconnected Economy», *OECD Digital Economy Papers*, No. 209, Éditions OCDE, 2012, pp. 9-10 (en anglais)

par le Conseil de l'UE, en février 2003, que les *Lignes Directrices* sont « un modèle utile pour le développement de politiques visant à mettre en place une culture de la sécurité »[16]. Quant au Conseil de l'Europe, il commence à peine à mettre en place une réflexion sur la cybersécurité sous l'intitulé de « capacity building programme », ayant, jusqu'à présent, concentré l'essentiel de son action à la création de sa Convention 185 de 2001, puis à l'adoption de cette dernière par l'ensemble de ses pays membres mais aussi au-delà de son cadre géographique.

Les *Lignes directrices* de 2002 de l'OCDE restent donc le texte international fondamental bien qu'à valeur juridique non obligatoire. Or elles donnent un rôle particulier au secteur privé, et par suite à l'entreprise, dans la prévention de la cybercriminalité. En effet, la coopération entre le secteur privé et l'État, et dans une moindre mesure avec les individus, est de mise[17], outre que l'obligation d'intégrer les mesures de sécurité dans l'architecture des SRI dès leur conception (principe 7) implique qu'un rôle stratégique est attribué aux entreprises du secteur des technologies de l'information et des communications (TIC) qui créent notamment les logiciels, base de tout SRI. Ce rôle beaucoup plus actif de l'entreprise promu par l'OCDE et partagé par les autres instances internationales contribue à une articulation de la place de l'entreprise confrontée à la cybercriminalité. Cette articulation a été progressive, en ce sens qu'elle s'est dégagée au cours des trois vagues d'analyses précitées (I). Elle est encore malaisée car ses enjeux en termes de responsabilité pénale de l'entreprise ne sont pas toujours bien cernés (II).

I. L'articulation progressive de la place de l'entreprise face à la cybercriminalité

De la réflexion que mènent les instances européennes et internationales autour des trois axes précédemment énoncés, va se dégager une certaine vision de l'entreprise confrontée à la cybercriminalité. Perçue au départ comme victime, l'entreprise devient au fil du temps un acteur de la lutte contre la cybercriminalité (A) dont la question de la responsabilité pénale se dégage en filigrane (B).

---

[16] Résolution 2003/C 48/01 du 18 février 2003 relative à une approche européenne axée sur une culture de la sécurité des réseaux et de l'information

[17] Ce que les États semblent avoir accepté, ONUDC, *Étude approfondie sur la cybercriminalité*, 2013, pp. 227-228

A. De l'entreprise-victime à l'entreprise-instrument de la lutte contre la cybercriminalité

La démarche des instances européennes et internationales a d'abord été dictée par un constat, celui de l'entreprise victime de l'accès et de l'utilisation non autorisés des données qu'elle a enregistrées, qu'elles soient personnelles ou liées à la vie économique de l'entreprise. Par exemple, la réflexion du Conseil de l'Europe sur la criminalité informatique se développe, au début tout au moins, dans le cadre de la criminalité des affaires[18]. De même, en avril 1985, le document de travail, rédigé par le Secrétariat en vue du septième Congrès des Nations Unies sur la prévention du crime et du traitement des prisonniers, constate que si le monde des affaires est bénéficiaire de son engouement pour l'informatique, il en est aussi la victime de par les « usages frauduleux de l'informatique » notamment dans le secteur bancaire et financier[19]. La réflexion sur la criminalité informatique s'esquisse donc à partir d'un constat selon lequel les entreprises sont victimes de la cybercriminalité.

Cela n'a rien d'étonnant. Étant utilisatrice des systèmes informatiques bien avant les particuliers, l'entreprise a été par là même exposée la première à un risque de cybercriminalité. Les deux premiers textes relatifs à la protection des données personnelles par le Conseil de l'Europe s'en font l'écho. La première recommandation, de septembre 1973, concerne « le secteur privé », et a pour objectif d' « empêcher les abus » ; la seconde, de septembre 1974, vise « le secteur public » et a pour but « de contribuer à la compréhension et la confiance du public à l'égard des nouvelles techniques administratives que les autorités publiques mettent en œuvre ». Par cette différence de formulation, le Conseil de l'Europe entend souligner sa perception du risque d'utilisation des données personnelles à des fins frauduleuses, un risque qu'il considère plus important dans le secteur privé[20] que dans le secteur public. Bien sûr, il ne faut pas en déduire l'impossibilité d'abus à l'égard des données collectées par les autori-

---

[18] Intégrant les débats sur la criminalité relative à l'utilisation de l'informatique au cours de la 12e conférence des Directeurs des Instituts de Recherche en Criminologie de 1976, sa Commission sur la criminalité des affaires (Select Committee on Economic Crime) émet une série de recommandations intégrées par le Conseil de l'Europe dans sa Recommandation R (81) 12.

[19] Document de travail, A/CONF.121/20 (16 avril 1985), § 29-30

[20] Kirby, history, 2011 pages 7-8

tés publiques[21]. Néanmoins, et bien que le Conseil de l'Europe n'ait pas repris cette distinction, ni d'ailleurs les autres instances européennes et internationales, ce constat du rôle de l'entreprise dans l'enregistrement des données personnelles, avec tous les risques associés, garde, quarante ans plus tard, toute sa valeur. Les autorités publiques américaines (NSA) et anglaises (GCHQ) impliquées dans les scandales révélés par Edward Snowden ont en effet parfaitement compris cette position stratégique des entreprises qu'elles ont utilisée à leur avantage et de manière illégale pour accéder justement à des données qu'elles ne pouvaient pas elles-mêmes collectées mais qu'elles savaient que le secteur privé enregistrait de manière légitime pour la conduite de ses activités économiques. Le recours aux SRI pour l'enregistrement de données personnelles, et plus généralement de toutes données confidentielles, a donc entraîné de nouveaux risques et a ouvert la porte à de nouvelles formes de criminalité dont l'entreprise est aussi la victime.

Les statistiques contemporaines montrent que ce constat d'origine de l'entreprise victime et à risque reste d'actualité. En 2010, dans les pays membres de l'OCDE, donc l'Europe, l'Amérique du Nord, le Mexique et une partie du Pacifique, entre 5 et 25% des entreprises par pays ont été victimes d'un incident pour la seule année 2010, l'incident étant défini, pour des raisons de comparabilité, comme l'accès non autorisé et la diffusion des logiciels malveillants (malware en anglais, aussi dit maliciels en français) qui ont causé soit la destruction soit la corruption des données[22]. Restreint au cadre de l'Union européenne, entre 2 et 16% des entreprises selon les pays ont été victimes d'attaques, et une moyenne de 16% des entreprises

---

[21] M. Kirby, qui a participé à l'élaboration de ces Lignes directrices, rappelle que l'Europe de l'Ouest avait encore en mémoire en 1978 comment les nazis avaient utilisé les cartes d'identité établies par l'État hollandais à partir des années 1930 et qui comportaient une barre de métal difficilement falsifiable pour exterminer les citoyens juifs. « The history, achievement and future of the 1980 OECD guidelines on privacy », *International Data Privacy Law*, 2011, vol. 1 (1), p. 6, spéc. p. 9. De même, la Norvège a choisi de détruire les machines permettant d'accéder à tout le fichier sur le service du travail (Labour Service) quand il est devenu clair que l'occupant allemand l'utiliserait pour recruter les hommes dans l'armée allemande, J. Bing, « Protecting personal data in wartime: The destruction of the alphabetic tabulators in Oslo », *Computer Law & Security Review*, 2009, vol. 25, p. 89

[22] OCDE, « Improving the Evidence Base for Information Security and Privacy Policies : Understanding the Opportunities and Challenges related to Measuring Information Security, Privacy and the Protection of Children Online », *OECD Digital Economy Papers*, No. 214, Éditions OCDE (en anglais seulement).

des 28 pays de l'UE a subi un incident de sécurité ayant résulté en la destruction des données et en moyenne 2% ont été victimes d'actes intentionnels ou non de la part de leurs employés[23].

À ce constat toujours valable de l'entreprise victime, s'est aussi très vite ajouté celui du rôle plus actif que peut jouer l'entreprise dans la lutte contre la cybercriminalité. En effet, le propre de la cybercriminalité est de résulter, en grande partie, de l'exploitation des failles dans la sécurité des SRI. Or l'entreprise en tant qu'utilisatrice des SRI, et parfois même propriétaire des réseaux d'information, peut intervenir en amont avant que le risque ne se réalise en s'assurant d'un minimum de sécurité de ses SRI. Ce rôle dans la prévention de la cybercriminalité a d'abord été formulé à propos de la protection des données personnelles, avant d'être énoncé en dehors de ce contexte spécifique, dans le cadre plus général des politiques de prévention de la cybercriminalité souvent intitulées politiques de cybersécurité. En outre, à ce rôle de l'entreprise dans la prévention de la cybercriminalité, s'est ajouté un rôle de gestion des risques une fois ceux-ci réalisés, notamment par la notification des incidents aux autorités compétentes et/ou aux *Équipes d'intervention informatique d'urgence* nationales ou européenne (CERTs en anglais), et par la coopération avec les autorités publiques chargées des enquêtes. L'entreprise a donc un double rôle, de prévention et de gestion des risques, et ce en partenariat avec les autres parties prenantes que sont l'État et les particuliers. Ainsi, et dans le secteur des TIC par exemple, les fournisseurs d'accès à internet (ISP en anglais) jouent un rôle actif et primordial dans la lutte effective contre les botnets, ces réseaux de machines infectés par un maliciel et sous contrôle d'un tiers qui les utilise pour accéder aux SRI[24]. Ce rôle actif dans la lutte contre la cybercriminalité ne débouche pas sur une responsabilité juridique systématique. Les fournisseurs d'accès et prestataires de services par exemple, ne voient pas leur responsabilité pour la commission d'actes cybercriminels via leur intermédiaire dès l'instant qu'ils n'ont qu'un rôle de transmission et qu'ils n'ont pas été infor-

---

[23] Chiffres Eurostat disponibles à http://appsso.eurostat.ec.europa.eu/nui/show.do?dataset=isoc_cisce_ic&lang=en (24 juin 2014)

[24] Van Eeten, M. J., et al. (2010), « The Role of Internet Service Providers in Botnet Mitigation : An Empirical Analysis Based on Spam Data », *OECD Science, Technology and Industry Working Papers*, No. 2010/05, Éditions OCDE

més des contenus litigieux[25]. Néanmoins, ce rôle peut contribuer, sous certaines conditions, à définir indirectement les contours de la responsabilité pénale de l'entreprise.

B. L'esquisse d'une responsabilité pénale de l'entreprise

Deux hypothèses sont à envisager : d'une part, l'entreprise est responsable pour la commission d'actes cybercriminels tels que définis dans la Convention 185 (1) ; d'autre part, l'entreprise engage sa responsabilité en cas de manquement aux diverses obligations nées de son double rôle de prévention et de gestion du risque de cybercriminalité (2).

1. La responsabilité pour commission d'actes cybercriminels

Posée en termes bruts – l'entreprise peut-elle engager sa responsabilité pénale en tant qu'auteur d'actes cybercriminels ?-, la question n'appelle pas de réponse toujours très claire de la part des instances internationales et européennes. En effet, lorsqu'elles acceptent le principe de la responsabilité des personnes morales pour des actes criminels, elles laissent aux États le choix entre la voie civile, pénale ou administrative. Il en est ainsi pour le Conseil de l'Europe et l'Union européenne reconnaissant la responsabilité juridique des personnes morales pour la commission d'actes cybercriminels, et pour les Nations Unies dont la Convention sur crime organisé, qui peut concerner la cybercriminalité, prévoit le même mécanisme en son article 10. Or, même au sein de l'Europe, la responsabilité pénale des personnes morales n'est pas toujours acquise, voire est controversée, nombre de pays préférant la voie civile et/ou le prononcé de sanctions dites administratives, avec la réserve d'ailleurs que ces dernières tendent à rentrer dans le champ de la matière pénale selon la jurisprudence de la Cour européenne des droits de l'homme à propos de l'article 6 CESDH. On peut donc observer de vastes disparités à l'échelle nationale. L'Union européenne tente justement d'y remédier, en matière de protection des données personnelles, puisque sa proposition de règlement prévoit expressément, en sus des sanctions pénales, des sanctions administratives

---

[25] Pour les nuances dans les régimes juridiques européens et américains, voir notamment le Guide de l'IUT sur la cybercriminalité pour les pays en voie de développement de 2007, pp. 245-253, disponible à http://www.itu.int/dms_pub/itu-d/oth/01/0B/D010B0000073301PDFF.pdf (24 juin 2014)

auxquelles il est souvent plus facile aux États de recourir. Néanmoins, le cadre juridique dans lequel opèrent les autres instances ne leur permet pas d'être aussi prescriptif. On touche donc ici aux limites de l'approche internationale.

Ceci dit, on peut aussi se poser la question de savoir si la responsabilité pénale des personnes morales préoccupe vraiment les instances internationales. D'une part, l'OCDE dans son unique rapport précité, sur la criminalité informatique, de 1986, n'a pas, semble-t-il, analysé la question. D'autre part, l'Etude de l'ONUDC de 2013 ne soulève la question qu'à deux reprises, à propos de l'espionnage industriel et à propos de la criminalité organisée, mais il n'analyse pas, par exemple, la possibilité que l'entreprise puisse être auteur d'interceptions illégales de données et de communications électroniques que la Convention 185 du Conseil de l'Europe criminalise à l'article 3[26]. Même son tableau des instruments juridiques internationaux en la matière est incomplet: il ne cite que l'article 12 de la Convention sur la cybercriminalité et oublie les articles de la décision-cadre et de la future directive de l'Union européenne reconnaissant la responsabilité des personnes morales pour des actes cybercriminels[27]. Or, et nous le verrons en seconde partie, la question de la responsabilité pénale des entreprises pour des actes cybercriminels comme l'accès et l'interception illégale des SI, et ce en dehors du cadre du crime organisé et de l'espionnage industriel, n'est pas, aujourd'hui, superfétatoire. Elle mériterait des lignes directrices mieux dessinées qui permettraient aussi de réfléchir à l'autre aspect de la responsabilité pénale de l'entreprise en matière de cybercriminalité, à savoir la responsabilité pour manquement à des obligations juridiques.

2. La responsabilité pour manquements à des obligations

Cette responsabilité est la conséquence de l'énoncé d'obligations incombant à la personne morale en raison soit de son rôle de prévention des risques de cybercriminalité, soit de son rôle de gestion des risques réalisés. Ces obligations, auxquelles les personnes physiques sont aussi soumises, naissent de deux cadres juridiques différents mais interdépendants : celui de la protection des données person-

---

[26] *préc.*, p. 41
[27] *préc.*, p. 270

nelles (cadre 1) et celui de la cybersécurité (cadre 2) [28]. Elles sont clairement formulées dans leurs principes, pour le cadre 1, par l'ensemble des instances européennes et internationales précitées, et pour le cadre 2, par l'OCDE, les Nations Unies, et l'Union européenne. Néanmoins, compte tenu de la valeur juridique non obligatoire des textes de l'OCDE et des Nations Unies, et comme seule l'Union européenne formule ou entend formuler clairement une responsabilité juridique des personnes morales, l'essentiel de ce paragraphe portera sur l'analyse des textes européens existants et à venir.

Le rôle de prévention des risques s'articule notamment au regard de l'obligation d'assurer la sécurité des données personnelles (article 17, directive 1995/46/CE ; article 30 proposition de règlement) et des SRI (article 14, proposition de directive) et ce dès la conception et tout au long du cycle de vie des SRI. C'est ce qu'en anglais on désigne par l'expression très évocatrice de « security by design » qui fait écho à celle de « privacy by design » employée en matière de protection des données personnelles (article 23 de sa proposition de Règlement). Le manquement à cette obligation de sécurité a deux effets. Le premier est de permettre aux États membres de l'UE de décriminaliser le comportement infractionnel d'accès illégal au SI car selon l'article 3 de la directive 2013/40 sur la cybercriminalité, l'infraction pénale est « l'accès sans droit, lorsqu'il est intentionnel, à tout ou partie d'un système d'information, lorsque l'acte est commis en violation d'une *mesure de sécurité*, au moins lorsqu'il ne s'agit pas de cas mineurs. » Le second effet est qu'il peut engager la responsabilité pénale de la personnelle morale. Certes, la directive 1995/46/CE ne le prévoit pas expressément, mais la proposition de Règlement en vue de remplacer ladite directive prévoit en son article 78 le recours express à des sanctions pénales pour toute personne (morale ou non) traitant des données personnelles. Ce texte prévoit en outre des sanctions dites administratives (article 79) pour des manquements par exemple à l'obligation de sécurité de l'article 30 (article 79 (6)(e)). La responsabilité juridique des personnes morales en tous les cas ne fait aucun doute pour l'Union européenne puisque dans son considérant 26 de la Directive 2013/40 sur la cybercriminalité, elle déclare

---

[28] Par exemple, l'OCDE renvoie dans les Lignes directrices de 2002 sur la cybersécurité à celles sur la protection des données personnelles de 1980 et de 1985, et la révision de ces dernières en 2013 renvoie aux Lignes directrices de 2002 sur la cybersécurité.

que « Les États membres sont encouragés à prévoir, dans le cadre de leur droit national, des mesures pertinentes permettant d'engager la responsabilité des personnes morales, lorsque celles-ci n'ont de toute évidence pas assuré un niveau de protection suffisant contre les cyberattaques. »

La proposition de directive sur la cybersécurité prévoit aussi implicitement la responsabilité des personnes morales (article 17), cependant son champ d'application est notablement plus restreint puisque depuis les amendements du Parlement européen en mars 2014, l'obligation de sécurité n'incombera qu'aux entreprises « opérateur d'infrastructures essentielles » et qu'en outre, les micro-entreprises seront exemptés, à moins d'être une succursale d'un opérateur (article 14 (8)). En d'autres termes, tous les développeurs de logiciels et les géants de l'internet comme Google ou Facebook sont exemptés de l'obligation de sécurité. Bien sûr, pour un certain nombre d'entre eux, leur responsabilité reste engagée sous l'angle de la protection des données personnelles. Cependant, on ne peut que regretter un certain manque de cohérence dans le champ d'application délimité par ces deux propositions. À ce regret, s'ajoute celui de la cohérence entre les instruments juridiques, puisque la même obligation de sécurité a pour source juridique un Règlement si les données personnelles sont en cause, et une directive si le cadre est celui de la cybersécurité. Espérons, comme l'avait observé l'OCDE en 2005, que les progrès en matière de protection de données personnelles continuent de jouer un rôle moteur indirect dans le développement d'une culture de la cybersécurité[29]. Ces remarques sur la cohérence des futurs textes européens susceptibles d'être la source de la responsabilité pénale de l'entreprise valent aussi pour deux autres obligations, sur lesquelles nous ne reviendrons pas : celle de procéder à une évaluation préalable des risques de cybercriminalité liés au traitement des données personnelles et à l'utilisation des SRI, et celle de notifier les incidents de sécurité, notamment s'ils sont susceptibles de constituer une infraction pénale. Ainsi, à travers la formulation d'un rôle plus actif de l'entreprise dans la prévention de la cybercriminalité, se dessiner la responsabilité pénale de

[29] « The Promotion of a Culture of Security for Information Systems and Networks in OECD Countries », *OECD Digital Economy Papers*, No. 102, Éditions OCDE, 2005, p. 7 (en anglais uniquement)

l'entreprise, en sus de pouvoir être civile ou administrative en fonction des choix faits par les États.

II. Une articulation malaisée de la place de l'entreprise

Si les instances internationales et européennes s'accordent sur le principe que l'entreprise participe à une politique de prévention et de gestion des risques de cybercriminalité qui peuvent aussi engager sa responsabilité juridique, elles diffèrent parfois sur les modalités de sa mise en œuvre, réagissant différemment aux difficultés rencontrées en pratique. Ces difficultés sont liées à deux faits incontournables : la petite taille de la plupart des entreprises qui sont dans l'Union européenne à 99,8% des PME, et une sécurisation des SRI qui dépend fortement de la participation des entreprises du secteur des TIC. Dans le premier cas, le rôle de l'entreprise est difficile à mettre en œuvre (A), alors que dans le deuxième cas, il est plutôt ambigu (B).

A. Un rôle difficile pour les PME, ou les limites de la responsabilité

Pour toute entreprise, quel que soit son secteur d'activité, limiter le risque de devenir victime d'actes criminels implique de mettre en place une « culture de la cybersécurité » dont les bases ont été formulées par l'OCDE dans ses *Lignes directrices* de 2002 reprises, nous l'avons vu, tant par les Nations Unies, que l'Union européenne et le Conseil de l'Europe. En pratique, cela se traduit par une série de mesures à prendre déjà évoquées plus haut et qui sont entre autres: une évaluation des risques encourus en termes de cybercriminalité, la mise en place de mesures de base comme les mots de passe, les logiciels anti-virus, et les pare-feu, et l'adoption de règlements intérieurs identifiant au sein de l'entreprise les mesures prises et les acteurs responsables et établissant un plan d'action en cas d'attaques contre les SRI de l'entreprise. Étant donné que dans l'Union européenne, 99,8% des entreprises sont des PME, on peut s'interroger sur la capacité de ces petites et moyennes entreprises de satisfaire à leurs obligations et par là à éviter le risque d'engager leur responsabilité juridique notamment pénale.

Au cours des dix dernières années, de nombreuses initiatives, tant par l'OCDE via le Business and Industry Advisory Committee

(BIAC)[30], que par l'UIT pour les Nations Unies[31], et l'Agence Européenne chargée de la sécurité des réseaux et de l'information (ENISA) pour l'Union européenne[32], ont eu pour objet de sensibiliser les PME aux risques de la cybercriminalité et aux mesures de sécurité qu'elles peuvent mettre en place. *Ceci dit, les statistiques au sein de l'Union européenne, enfin élaborées*[33] *et souvent utilisées par l'OCDE et les Nations Unies, donnent une idée assez précise des difficultés rencontrées par les PME pour mettre en place un minimum de mesures de sécurité. En 2010, sur la question de savoir si les entreprises ont un règlement interne portant sur la sécurité de leurs SI voire de leur RI,* la moyenne toutes entreprises confondues est de 25%. Un chiffre faible donc, mais qui cache une grande disparité selon la taille des entreprises. En effet, parmi les petites entreprises (10-49 employés), seulement 21% en moyenne ont un règlement intérieur portant sur la sécurité, tandis que 43% des moyennes entreprises (50-249 employés) en ont un règlement intérieur. Pour les grandes entreprises, et pour les microentreprises, aucun chiffre n'est disponible. Sous ces réserves, le même rapport de proportions se retrouve pour l'utilisation, comme moyen d'authentification, de mots de passe et de jetons de matériels (hardware tokens) comme les cartes à puce, et aussi pour les mesures permettant l'enregistrement des activités sur les SRI afin de pouvoir analyser les incidents de sécurité et par détec-

---

[30] Avec la Chambre internationale du commerce, le BIAC a établi un guide à destination des PME en juillet 2004 expliquant pourquoi les PME se doivent d'appliquer les *Lignes Directrices* de l'OCDE et comment elles peuvent le faire http://www.biac.org/statements/iccp/biac-icc_security_for_smes.pdf et http://www.biac.org/statements/iccp/Final_Information_Security_for_Executives071003.pdf

[31] Le *Programme mondial de cybersécurité* de l'*UIT de 2007 précité indique la mise en place d'une série d'outils à destination à destination des PME* ITU Toolkit (p. 32). Le site de l'UIT ne paraît renvoyer à aucun document précis, mais l'UIT s'y réfère en 2010 comme ayant mis en place des programmes pour construire la capacité en matière de cybersécurité (capacity building) http://www.itu-apt.org/ngnrm/sameer5.pdf

[32] ENISA a publié des documents en 2006 et en 2010 *en langue anglaise. Ils ne semblent pas avoir été traduits et on peut donc se poser la question de leur diffusion et de leur impact auprès des PME.* Voir http://www.enisa.europa.eu/activities/risk-management/files/deliverables/information-packages-for-small-and-medium-sized-enterprises-smes (24 juin 2014)

[33] Les Nations Unies depuis 2009 mettent en place un index de la cybersécurité afin de pouvoir avoir des statistiques fiables en la matière. L'ONUDC dans son Etude précitée de 2013 cite pour l'essentiel les statistiques de l'Union européenne, bien que son rapport se fonde sur les réponses au questionnaire de 69 pays.

ter des actes de cybercriminalité[34]. Par conséquent, la taille des entreprises influe considérablement sur leurs capacités à intégrer une culture de la cybersécurité et par là à limiter leur risque d'être victimes d'actes criminels. Plus l'entreprise est petite, moins l'entreprise semble avoir pris les mesures nécessaires, ce que confirment l'UIT et l'ONUDC citant le coût et l'absence de compréhension des enjeux à titre d'explications[35]. À cet égard, on ne peut que regretter l'absence de données sur les microentreprises de moins de 10 employés puisqu'elles représentent 92,1% des PME.

Qu'en concluent les instances internationales et européennes ? Si ni l'OCDE, ni le Conseil de l'Europe, ni les Nations Unies, ne proposent de mesures particulières à destination des PME, ils n'en soulignent pas moins la nécessité de renforcer les mesures de cybersécurité à des fins de prévention de la criminalité informatique et le besoin d'avoir des outils statistiques comparables et fiables afin de mieux comprendre où se situent les difficultés[36]. Savoir donc si les conditions d'engagement de la responsabilité pénale de la personne morale pourraient varier selon la taille de l'entreprise ne semble pas à l'ordre du jour.

En revanche, l'analyse de la proposition de règlement sur la protection des données personnelles révèle que l'Union européenne entend intégrer les difficultés des PME dans le texte juridique lui-même, soit en précisant le contenu de diverses obligations pour les PME, soit en exemptant certaines entreprises d'obligations, soit – pour le texte de la Commission tout au moins – en limitant la sanction administrative applicable aux PME en cas de premier manquement non-intentionnel. Dans ces cas d'exemption d'obligations, le critère était, dans le texte d'origine de la Commission, la taille de l'entreprise, et est devenu, dans le texte du

---

[34] La moyenne des entreprises ayant mis en place ces mesures est respectivement de 46%, de 13% et 24%, avec seulement 44%, 11% et 20% des petites entreprises l'ayant fait, mais 58%, 21% et 42% des moyennes entreprises.

[35] UIT, *Cadre conceptuel d'un index mondial de cybersécurité*, 2014, p. 2, disponible à http://www.itu.int/en/ITU-D/Cybersecurity/Documents/F_GCI_Conceptual%20Framework.pdf (27 juin 2014) ; ONUDC, *Etude.., préc.*, pp. 243-244.

[36] UIT, *Cadre conceptuel d'un index mondial de cybersécurité*, préc., p. 2 ; OCDE, « Cybersecurity Policy Making at a Turning Point : Analysing a New Generation of National Cybersecurity Strategies for the Internet Economy », *OECD Digital Economy Papers*, No. 211, Éditions OCDE, 2012, p. 14

Parlement, toute entreprise traitant les données personnelles de plus de 5000 personnes au cours des 12 derniers mois, ce qui est plus conforme à une logique du risque qui ne dépend pas seulement de la taille de l'entreprise, mais aussi de son type d'activité, à savoir le traitement des données personnelles. A cet égard, il est intéressant de voir que l'obligation de sécurité (article 30) ne fait pas l'objet d'exemption de responsabilité, ce qui se comprend en ce sens que pour être efficace, la sécurité des SI support des données personnelles doit être assurée par tous, quelle que soit la taille de l'entreprise. De même, les modifications du Parlement en 2013, votées en 2014, ne limitent plus la sanction administrative applicable aux PME en cas de premier manquement non intentionnel à une obligation comme l'obligation de sécurité (article 79 (3)(b)). Les PME sont désormais soumis au même régime juridique que les autres entreprises, sachant que le nouvel article 79 renvoie expressément à l'article 30 qui définit l'obligation de sécurité. En outre, la sanction administrative peut atteindre un montant de 100 millions d'euros ou de 5% du chiffre d'affaires de l'entreprise, ce qui la rattache, de par sa gravité, à la matière pénale au sens de l'article 6 CESDH. La responsabilité pénale ou pénale administrative devrait donc être une réalité pour toutes les entreprises eu égard à l'obligation de sécurité tout au moins. En revanche, on peut être un peu plus critique du fait que ni la Commission ni le Parlement n'ont estimé nécessaire, pour l'obligation de sécurité, d'en préciser les contours à destination des PME. Les statistiques démontrent que pour les petites entreprises tout au moins, mettre en œuvre les mesures de sécurité est loin d'être une évidence. Un peu plus d'aide aurait sans doute été préférable, et aurait aussi l'avantage d'établir avec plus de précision en quoi le manquement à l'obligation de sécurité, fondement des sanctions pénale et pénale administrative consiste.

La cohérence de ces mesures relatives à l'obligation de sécurité et à son manquement dans le cadre de la protection des données personnelles n'est pas assurée avec celles relatives à la cybersécurité. En effet, nous l'avons vu, la directive ne serait applicable qu'aux opérateurs d'infrastructures informatiques critiques, excluant toute autre entreprise, grande ou PME, qui n'est pas en lien avec une infrastructure critique. En d'autres termes, dès lors que la législation sur les données personnelles ne s'applique aux entreprises exclues de ces propositions sur la cybersécurité, n'est énoncé aucune obligation générale de sécurité. Deux poids, deux mesures donc pour un objectif commun, la prévention de la cybercriminalité. Cette différence pourrait s'expliquer par la volonté d'alléger les charges administratives imposées aux PME par la législation européenne, voire d'exempter les microentreprises si possible[37]. Cependant, la cybersécurité pour être efficace, doit être mise en œuvre dans toute la chaîne de sécurité, entreprises toutes tailles confondues, particuliers et autorités publiques. D'autre part, si c'est le coût de la mise en conformité qui a dicté l'exemption de responsabilité notamment pénale de l'entreprise dans le cadre général de la cybersécurité, on ne peut que s'étonner quand la Commission et le Parlement estiment que « le coût de mise en conformité par petite et moyenne entreprise se situerait dans une fourchette de 2 500 à 5 000 EUR. »[38]. En outre, quand en termes de structure, les microentreprises représentent 92,1 % des PME, on peut se demander si l'exemption de responsabilité est vraiment judicieuse, l'effet de dissuasion étant perdu. Il serait plus judicieux de mettre en place des structures qui pourraient aider les PME, en particulier, les microentreprises, à respecter leur obligation de sécurité quel que soit le cadre juridique opérant. On pourrait par exemple envisager un impôt qui permettrait de financer en partie de telles structures, ou une prime d'assurance qui serait utilisée à la création d'un fonds d'aide à la cybersécurité et à la protection des données personnelles. À cet égard, il faut noter que la Commission européenne en 2013 invite les secteurs public et privé à élaborer avec le secteur de l'assurance une grille d'analyse pour calculer la prime d'assurance applicable aux risques encourus par les entreprises de telle manière que les entreprises qui auront investi dans la prévention pourront voir leur prime réduite[39]. L'initiative n'est pas mauvaise, mais on pourrait aussi ajouter que le différentiel payé par les entreprises les moins sécurisées pourrait être utilisée pour payer un fonds qui permettrait à l'entreprise de se sécu-

---

[37] Communication de la Commission au Parlement européen, au Conseil, au Comité économique et social européen et au comité des régions, 7 mars 2013, *Réglementation intelligente - Répondre aux besoins des petites et moyennes*, COM (2013) 122,

[38] Résumé de l'analyse d'impact accompagnant le document: Proposition de directive du Parlement européen et du Conseil concernant des mesures destinées à assurer un niveau élevé de sécurité des réseaux et de l'information dans l'Union, 2013, § 8.2

[39] Communication conjointe au Parlement européen, au Conseil, au Comité économique et social européen et au Comité des regions, 7 février 2013, JOIN (2013) 1, *Stratégie de cybersécurité de l'Union européenne: un cyberespace ouvert, sûr et sécurisé*, p. 14. Voir aussi, en anglais, ENISA, *Incentives and barriers of the cyber insurance market in Europe*, 2012, sur le site internet d'ENISA

riser et réduire à terme ses risques comme ceux de son assureur. De telles mesures auraient l'avantage de permettre une prévention effective de la cybercriminalité, de définir le contenu de l'obligation de sécurité, et par suite de maintenir et de mieux définir la responsabilité de toute entreprise pour manquement à ces obligations de sécurité à l'égard des SRI. L'enjeu vaut pour tous les secteurs économiques, y compris pour les TIC. Les entreprises de ce dernier secteur d'activité font face cependant à des difficultés supplémentaires, qu'il convient maintenant d'examiner.

B. Un rôle ambigu pour les TIC, ou l'enjeu des droits de l'homme

Le secteur des TIC est varié. Il recoupe, selon sa définition par l'OCDE intégrée par la Division statistique des Nations Unions, l'ensemble des branches manufacturières et de services dont les produits sont « destinés à assurer ou permettre la fonction de traitement et de communication de l'information par des moyens électroniques, y compris sa transmission et son affichage » [40]. Le secteur des TIC inclut donc autant les développeurs individuels de logiciels que les entreprises notamment qui produisent et maintiennent l'infrastructure des télécommunications et des SI, celles qui en permettent l'accès (fournisseurs d'accès), qui hébergent le contenu numérique (par exemple YouTube), et qui créent et/ou vendent le hardware et/ou les logiciels. Ces entreprises ont certainement conscience des risques de cybercriminalité et par suite de l'importance de mettre en œuvre les mesures de sécurité nécessaires. Ainsi, dans l'Union européenne, si 26% en moyenne des entreprises, tout secteur économique confondu, ont établi un règlement intérieur de sécurité, dans le secteur des TIC, la moyenne des entreprises monte à 52%.

---

[40] *Panorama des statistiques de l'OCDE 2013*, Taille du secteur des TIC, disponible à http://dx.doi.org/10.1787/factbook-2013-64-fr La définition est celle établie par l'OCDE en 1998 et révisée en 2007. Pour une définition complète des TIC liée à l'élaboration de statistiques fiables sur l'économie numérique et la société numérique, le choix de l'OCDE a été de réunir les deux aspects de la classification onusienne du CITI qui distingue entre manufacture et services, afin de refléter la réalité économique qui est souvent à la fois de produire et d'offrir des services. L'outil statistique du CITI, sur lequel se fonde l'OCDE, est en 2014 celui du CITI Rev 4 qui remplace Rév 3.1. Sur les difficultés de rendre compte de toutes les facettes du secteur des TIC au moyen des statistiques, voir notamment N. Coutinet, « Redéfinir les TIC pour comprendre leur impact sur l'économie », Hermès, La Revue, 2006/1 n° 44, p. 19-27, sur Cairn.info.

Face à la criminalité informatique, l'entreprise dans le secteur des TIC a un rôle primordial à jouer. La question est donc de savoir comment s'articule l'obligation de sécurité pour le secteur des TIC et dans quelle mesure les manquements constatés peuvent engager la responsabilité pénale de l'entreprise. Compte tenu de la diversité du secteur, nous nous limiterons à l'analyse de deux exemples.

Un des moyens d'action pour améliorer la sécurité des produits et services TIC est la collaboration dans le développement de normes internationales techniques comme celles de l'Organisation internationale de normalisation (ISO en anglais) ou celles de l'UIT. En soi, ne pas participer à ces développements ne peut être constitutif d'un manquement à une obligation juridique précise et définissable, susceptible d'engager une responsable pénale ou même civile. En outre, ces normes n'ont, par elles-mêmes, aucune valeur juridique obligatoire, ainsi que le souligne ENISA[41] ; elles peuvent être une aide à une prise de décision dans la création d'un produit logiciel par exemple, mais ne pas les utiliser ne peut caractériser un manquement à une obligation juridique. En revanche, comme cela se pratique dans d'autres secteurs économiques, si ces normes sont intégrées dans la définition d'une obligation de sécurité par une norme juridique d'un État (règlement ou loi), notamment dans le cadre d'une procédure obligatoire de certification un produit, on peut alors concevoir la responsabilité pénale de l'entreprise qui ne les intègre pas dans l'élaboration de ces produits et services.

Selon les rapports de 2005 et de 2012 de l'OCDE sur la cybersécurité dans ses États membres, il semblerait justement qu'un certain nombre d'États exigent une certification des produits TIC, mais le BISAC dénonce en 2012 de fortes variations entre les États qui ont tendance à élaborer leurs propres normes nationales de certification sans nécessairement préciser la compatibilité de ces normes avec celles développées à l'échelle internationale[42]. Le danger, bien réel selon le BISAC[43], est bien sûr la multiplication des normes profession-

---

[41] https://www.enisa.europa.eu/activities/risk-management/current-risk/laws-regulation/rm-ra-standards

[42] « The Promotion of a Culture of Security ... », préc., pp. 22, 109-110, 112-115. L'exemption ici est clairement le Royaume-Uni qui a développé la norme BS7799 qui sera intégrée dans la norme ISO correspondante de 2005 (p. 114) ; « Non-governmental Perspectives on a New Generation of National Cybersecurity Strategies », *OECD Digital Economy Papers*, N°. 212, Éditions OCDE, 2012.

[43] « Non-governmental Perspectives ... » préc., pp. 2-4.

nelles et l'augmentation des coûts pour les entreprises recourant à la certification de produits qui seront distribués pour l'essentiel hors du pays où l'entreprise est enregistrée. En termes de responsabilité, le danger est celui d'une double incertitude juridique pour l'entreprise qui, selon la valeur juridique attribuée à ces normes professionnelles par l'État où son produit est vendu, et selon les conditions juridiques existant pour engager sa responsabilité pénale, pourra voir sa responsabilité pénale engagée ou non, sans doute en sus de sa responsabilité civile. C'est sans doute pour cela que l'OCDE, au terme de son évaluation en 2012 des *Lignes directrices* de 2002, décide de porter ses efforts sur l'énoncé de principes directeurs permettant le développement du secteur particulier des TIC qu'est l'industrie de la cybersécurité, outre que l'OCDE, suivie d'ailleurs par l'UIT, entend déterminer un cadre conceptuel permettant de comparer les différents pointeurs d'une bonne et robuste politique de cybersécurité.

Autre situation posant la question de savoir si on peut engager la responsabilité pénale de l'entreprise du secteur des TIC : le développement de matériels ou de logiciels facilitant la commission des infractions comme l'accès illégal et l'interception illégal des SI (articles 3 et 6 de la Directive 2013/40, et articles 2 et 3 de la Convention 185). Les révélations par Edward Snowden, ex-contractant à l'agence américaine de sécurité (NSA), à propos notamment des pratiques de celle-ci, ont montré que la NSA interceptait le matériel informatique fabriqué par l'entreprise Cisco et modifiait certains des composants afin de pouvoir accéder (illégalement) au contenu de l'ordinateur et bien sûr en manipuler les données. Cisco n'était pas au courant[44], et donc ne peut être complice à la commission de l'infraction définie à l'article 6 de la Convention 185 que les Etats-Unis ont ratifié. En revanche, Microsoft a semble-t-il maintenu des portes dérobées (backdoors) qui permettaient l'accès par le NSA à Windows dès 1999 et aujourd'hui à Skype[45]. Pour Windows, Microsoft aurait même reconnu implicitement, au cours d'une conférence publique, que certains accès au logiciel avaient été laissés ouverts en collaboration avec la NSA. Or introduire ces portes dérobées, tout comme ne pas chercher à y

[44] G. Greenwald, pour *The Guardian*, « How the NSA tampers with US-made internet routers », 12 mai 2014, http://www.theguardian.com/books/2014/may/12/glenn-greenwald-nsa-tampers-us-internet-routers-snowden

[45] Dr. Roy Schestowitz, « Confirmed: Microsoft Tells the NSA About Back Doors in Windows », 15 juin 2013, http://techrights.org/2013/06/15/nsa-and-microsoft/

remédier, constitue la modification et le maintien en connaissance de cause d'un programme informatique en vu de faciliter la commission de l'infraction d'accès illégal au SI. Ce comportement est prohibé par l'article 6 de la Convention 185 que les États-Unis ont signé[46], et il est aussi prohibé par l'article 7 de la directive 2013/40/UE, les logiciels de Microsoft étant vendus en Europe. Si vraiment les dirigeants de Microsoft ont permis ces comportements, on peut légitimement s'interroger sur les termes de la responsabilité pénale de l'entreprise, au moins en termes de complicité dans la commission de cette infraction.

À supposer même qu'un tel comportement ne soit pas infractionnel, il révèle une démarche contraire aux principes fondamentaux énoncés par les instances internationales et européennes en matière de cybersécurité (respect de l'éthique et des valeurs démocratiques), outre que le problème des portes dérobées, c'est que tout le monde peut les exploiter, et pas seulement le NSA, et peut le faire sans être nécessairement détecté par celui qui les a installés ! On touche ici à un problème beaucoup plus vaste et qui dépasse largement le cadre de la responsabilité pénale de la personne morale du secteur des TIC. On touche ici au cadre conceptuel d'une politique de cybersécurité dans une société civile et à des fins de prévention de la cybercriminalité dans le respect des droits de l'homme. Ainsi que le rappelle l'Assemblée générale des Nations Unies dans sa résolution 53/70 de 1998, à laquelle elle renverra en 2002, lorsqu'elle adopte les *Lignes directrices* de l'OCDE sur la cybersécurité, « les réalisations scientifiques et techniques [peuvent] se prêter à des applications civiles aussi bien que militaires et ... il fa[u]t poursuivre et encourager les progrès de la science et de la technique à des fins civiles ». En d'autres termes, l'impératif de sécurité dans une société civile ne peut être défini par la violation des droits de l'homme et se réduire à des impératifs de défense nationale[47]. C'est pourquoi que la procédure pénale, avec son exigence de mandats pour perquisitionner, et sa régulation des écoutes téléphoniques, a pour but d'établir un équilibre entre le nécessaire respect de la vie

---

[46] Le 20 juin 2014, le Congrès américain a voté le retrait du budget du NSA. Pour les détails du vote, voir le journal en ligne TechDirt, https://www.techdirt.com/articles/20140620/05270927633/house-overwhelmingly-votes-to-slam-backdoor-shut-nsa.shtml

[47] ONUDC, *Étude* , préc., p. 228 ; Conseil de l'Europe, « Capacity building on cybercrime », Novembre 2013, p. 7

privée et les besoins des autorités publiques enquêtant sur la commission d'une infraction. Modifier les programmes informatiques pour accéder à des données afin de ne pas avoir à demander à un juge un mandat pour perquisitionner pose de sérieuses questions de ce qu'on conçoit comme une politique de cybersécurité au sein d'une société démocratique et dans un but de prévention de la criminalité. Cette question s'intègre aussi dans le cadre plus large d'une réflexion sur les entreprises et les droits de l'homme[48]. L'OCDE le rappelle en 2012, dans un rapport où elle note à très nombreuses reprises que les stratégies nationales de cybersécurité ont un élément de souveraineté accrue impliquant la participation active de l'armée et du Ministère de la Défense des Etats membres[49]. Elle note même le phénomène inquiétant que « les communautés militaire et des renseignements deviennent d'importants pourvoyeurs d'emplois en cybersécurité »[50]. La société civile doit donc reprendre le contrôle des mesures de prévention de la cybercriminalité. Réfléchir sur la responsabilité pénale des entreprises du secteur des TIC, autant que des autres acteurs, pourrait être un moyen pour recentrer le débat sur la prévention de la cybercriminalité dans le respect des valeurs démocratiques et en tant qu'instrument d'une politique pénale.

Au terme de cette étude de l'entreprise face à la cybercriminalité, il ressort un dynamisme des instances internationales et européennes qui souvent donnent l'impulsion et la direction à suivre par les États, quand ce n'est pas le cadre juridique obligatoire, comme pour l'Union européenne. L'entreprise, d'abord perçue comme victime de la cybercriminalité, est progressivement devenue acteur de la lutte contre la cybercriminalité, de par un rôle à la fois préventif et réactif, de gestion des risques une fois réalisés. Se dessine ainsi une responsabilité juridique de l'entreprise dont les

---

[48] «Principes directeurs relatifs aux entreprises et aux droits de l'homme: mise en œuvre du cadre de référence "protéger, respecter et réparer"», 6 juin 2011 et approuvés par l'Assemblée générale des NU dans sa résolution 17/04 du 6 juillet 2011 http://www.ohchr.org/Documents/Publications/GuidingPrinciplesBusinessHR_FR.pdf ; voir également sa mise en oeuvre au sein de l'Union européenne, et pour le secteur des TIC, http://ec.europa.eu/enterprise/newsroom/cf/itemdetail.cfm?item_id=6711&lang=en&title=European-Commission-publishes-human-rights-guidance-for-3-business-sectors

[49] « Cybersecurity at a turning point », *préc.*, pp. 5, 6, 7, 12-13, 17, 23, 27, 29, 32

[50] *Ibid.* p. 12. En 2013, par exemple, la directrice des services technologiques pour le secteur public au sein de la compagnie anti-virus McAfee, Phyllis Schneck, a intégré en 2013 le Department of Homeland Security des Etats-Unis qui recoupe 22 agences gouvernementales dont 5 proviennent du ministère de la Défense

contours ne sont pas toujours bien définis, en partie parce que les discussions sur les termes de la responsabilité pénale des personnes morales pour des actes cybercriminels sont rares, voire inexistantes selon les instances envisagées. L'analyse révèle en effet des difficultés d'articulation tant pour les PME que pour le secteur des TIC. Plutôt que de chercher à exempter les PME de leurs obligations notamment de sécurité et donc de leur responsabilité, comme l'envisage parfois l'Union européenne, il serait plus judicieux de réfléchir aux moyens financiers et juridiques permettant aux PME de mettre en œuvre leurs obligations, laissant ainsi le champ ouvert à une sanction en cas de manquement intentionnel au moins. Il conviendrait en outre de réfléchir à comment définir l'obligation de sécurité des SRI pour les entreprises, notamment du secteur des TIC. Cette définition doit avoir pour objectif de faciliter la prévention de la cybercriminalité sans que l'élément de défense nationale prenne le dessus, comme cela a tendance à être le cas actuellement. Toute politique de lutte contre la cybercriminalité ne peut se réduire à une politique de défense nationale. L'enjeu est ici le respect des droits de l'homme dans une société démocratique. Ainsi, il appartient aux instances internationales et européennes d'approfondir la définition et les composants d'une politique de cybersécurité recentrée sur sa dimension civile, c'est-à-dire sur son objectif de prévention de la (cyber)criminalité. La responsabilité pénale de l'entreprise devrait être au cœur de cette réflexion.

L'individu face à la cybercriminalité

Mohamed CHAWKI
Conseiller d'Etat (Egypte)
Président de l'association Internationale de lutte contre la cybercriminalité

« Deux choses sont infinies : L'Univers et la bêtise humaine »

Albert Einstein

Introduction

Le développement des réseaux d'information et d'Internet[1] en particulier semble avoir créé un nouveau terrain potentiel de conflit, dénommé cyberespace[2], qui est une source de multiples menaces[3]. Les systèmes d'information et de communication, sans cesse plus complexes, sont désormais omniprésents, ce qui entraine une dé-

---

[1] Le mot « Internet » est composé du préfixe « Inter » qui indique un lien entre deux éléments et le mot « Net » qui est traduit de l'anglais par «réseau». Internet est alors un lien entre deux ou plusieurs réseaux informatiques, « un réseau de réseaux ». En fait, il s'agit du plus grand réseau informatique de la planète. Il regroupe une multitude de réseaux régionaux, gouvernementaux et commerciaux. Tous ces réseaux discutent entre eux par le biais du même protocole de communication, TCP / IP (*transmission Control Protocol Over Internet Protocol*). La connexion est effectuée par l'utilisation de lignes, des câbles, et des satellites comme jonction des lignes téléphoniques. Contrairement aux appels téléphoniques traditionnels, qui transmettent l'information par le circuit commutation, l'Internet transmet l'information par le « paquet commutation » ; dans ce mode, les communications sont changées en petits signaux. Après ils sont envoyés aux paquets de bénéficiaires, en arrivant à destination par des routes différentes, la communication est alors reconstruite à la fin du récepteur.

[2] Le terme « cyberespace » renvoie à son acception usuelle, c'est-à-dire « un ensemble de données numériques constituant un univers d'information et un milieu de communication lié à l'interconnexion mondiale des ordinateurs ». Les racines du mot cyberespace proviennent de l'anglais cybernetics ou science du gouvernement (1834), décliné du grec Kubemetoké, de kubernan, gouverner. M. QUEMENER, Cybermenaces, entreprises et internautes, Paris, Economica, [2008], p. 9

[3] *Ibid.*, p. 7

pendance croissante de la société civile à leur égard[4]. Au cœur de cette dimension nouvelle évoluent des délinquants avec leurs méthodes, leurs outils pour passer à l'acte et commettre ainsi des crimes et des délits en utilisant l'informatique comme moyen ou comme cible de leurs méfaits[5].

Les infractions informatiques ont le plus souvent un caractère international, alors que les informations en elles-mêmes sont des données régies par le droit interne[6]. Dans cette optique, chaque législateur essaie soit de se protéger sur son territoire, soit d'abdiquer sa compétence législative face à ces actes illicites, soit d'observer et de légiférer aussi peu que possible, ce qui constitue une solution efficace[7]. Cependant, cette situation n´est pas satisfaisante, car elle plonge les internautes dans un réseau de normes multiples, source d'insécurité juridique[8]. En 2013, sept millions de Français ont été victimes d'actes cybercriminels selon une étude de Symantec[9]. Ces dernières années, et en particulier depuis 2007 avec les cybermenaces ayant frappé l'Estonie, puis de multiples systèmes d'informations de groupes industriels, le cyberespace fait l'objet d'attention et de mise en place de stratégies dédiées. La France a ainsi lancé un « nouveau champ stratégique » en décidant de s'armer

---

[4] L'Économie numérique représente désormais 5,2% du produit intérieur brut, concentre 3,7% des emplois (900 000) au sein de 100 000 entreprises de 10 salariés ou plus. À lui seul, le commerce électronique concerne 128 000 sites marchands et correspond à 75 000 emplois directs ou indirects, pour un chiffre d'affaires de 56 milliards d'euros en 2012 (FEVAD, janvier 2013). La même année, 64% des sociétés disposaient d'un site web ou d'une page d'accueil sur Internet (INSEE). Voir Protéger les internautes, rapport sur la cybercriminalité, 2014, disponible à l'adresse suivante : <www.ladocumentationfrancaise.fr>, (consulté le 12/10/2014). À noter également que 35.2% de la population mondiale est connectée, dont 68.06% d'Européens (Internet World Stats, 2013).

[5] M. QUEMENER, *Cybermenaces, entreprises et internautes*, Paris, Economica, [2008], p. 9

[6] S. BRENNER et B. KOOPS, *Approaches to Cybercrime Jurisdiction*, J. High Tech. L., [2004], Vol. IV, n° 1.

[7] N. GAUTHRAUD, *Internet, le législateur et le juge*, Paris, Gaz. Pal, [1996].

[8] C. CUTAJAR, *La loi pour la sécurité intérieure*, Paris, Dalloz, [2003].

[9] M. QUEMENER, *Protéger les internautes, Rapport sur la cybercriminalité*, R.I.D.I, numéro 107, Août – Septembre 2014, p. 64.

en matière de cyberdéfense et de protection des systèmes d'information[10].

1. Une définition précise de la cybercriminalité

Aucun texte législatif ni réglementaire ne définit la cybercriminalité. Toutefois, certaines notions proches, tels que la criminalité informatique, l'infraction informatique, le délit informatique ou l'usage abusif de l'informatique, ont fait l'objet de définitions posant la question de l'assimilation ou de la distinction du crime et de la cybercriminalité. Selon le ministère français de l'Intérieur, la cybercriminalité recouvre « *l'ensemble des infractions pénales susceptibles de se commettre sur les réseaux de télécommunications en général et plus particulièrement sur les réseaux partageant le protocole TCP-IP11, appelés communément l'Internet*». Selon l'O.N.U., la cybercriminalité doit recouvrir « *tout comportement illégal faisant intervenir des opérations électroniques qui visent la sécurité des systèmes informatiques et des données qu'ils traitent* », et dans une acception plus large « *tout fait illégal commis au moyen d'un système ou d'un réseau informatique ou en relation avec un système informatique* »[12].

Pour l'Office fédéral de la police suisse, la cybercriminalité s'entend « des nouvelles formes de criminalité spécifiquement liées aux technologies modernes de l'information, et de délits connus qui sont commis à l'aide de l'informatique plutôt qu'avec les moyens conventionnels »,[13] et pour le Collège canadien de police, la cybercriminalité est « la criminalité ayant l'ordinateur pour objet ou pour instrument de perpétration principale »[14] .

Cependant, ces définitions ne sont pas complètement définitives : la définition adoptée par le ministère français de l'Intérieur vise seulement les infractions dirigées contre les réseaux de télécommunication. Elle ne recouvre ni les infractions susceptibles d'être

---

[10] *Ibid.* En 2001, on ne trouvait que 20% des foyers français connectés à Internet. Le nombre d'internautes est passé en France de 11,8 millions en 2001 à près de 56 millions en 2013.

[11] Désigne les protocoles communs de communication utilisés par l'Internet, permettant l'interconnexion généralisée entre réseaux hétérogènes.

[12] Dixième Congrès des Nations Unies, à Vienne, sous le titre « la prévention du crime et le traitement des délinquants », [10 – 17 avril 2000].

[13] Rapport d'analyse stratégique, [Octobre 2001].

[14] Centre canadien de la statistique juridique, disponible à l'adresse : <http://collection.nlc-bnc.ca/ >.

commises sur les systèmes informatiques, ni les infractions directement générées par le fonctionnement des réseaux informatiques. Il s'agit des infractions portant sur l'information véhiculée par le système informatique comme l'escroquerie, l'abus de confiance, et les atteintes aux libertés individuelles par la création illicite de fichiers nominatifs. De même, la définition proposée par l'O.N.U. utilise le terme « comportement illégal » pour se référer à la cybercriminalité. Cependant, un comportement peut être considéré illégal dans un État et légal dans un autre. Enfin, les deux dernières définitions retenues par l'Office fédéral de la police suisse et le Collège canadien de police utilisent des termes très larges qui peuvent recouvrir la cybercriminalité et la criminalité informatique en même temps.

Or, une définition pratique de la cybercriminalité est nécessaire afin d'appréhender ce phénomène. À cette fin, nous sommes conduit à examiner un rapport de près de 300 pages remis le 30 juin 2014 aux ministres de l'Intérieur et de l'Économie, à la garde des Sceaux et à la secrétaire d'État chargée du Numérique[15]. Ce document est le fruit de la réflexion d'un groupe de travail interministériel constitué en juin 2013 à l'initiative partagée des ministres de la Justice, de l'Économie et des Finances, de l'Intérieur, ainsi que de la ministre déléguée chargée de l'Économie numérique. Il est publié neuf ans après celui de Thierry Breton, beaucoup plus succinct, intitulé « Chantier sur la lutte contre la cybercriminalité »[16]. Le rapport indique que « *la cybercriminalité regroupe toutes les infractions*

---

[15] Présidé par le Procureur général Marc Robert, le groupe de travail interministériel a été chargé d'élaborer une stratégie globale de lutte contre la cybercriminalité, « une réalité difficile à cerner et confrontée à de fortes attentes ». Cette stratégie se base sur plusieurs priorités : une organisation (notamment avec la création de la délégation interministérielle à la lutte contre la cybercriminalité, placée directement sous l'autorité du Premier Ministre) ; une volonté de mieux appréhender le phénomène ; la prévention ; la formation des acteurs, au premier rang desquels les agents d'investigation et les magistrats, mais également tous ceux dont la mission est d'éduquer, d'animer, de faciliter l'accès à Internet ; l'adaptation des modes de réponse à cette forme de délinquance ; la réponse aux cyber-victimes (création d'une mission de médiation entre les internautes et les prestataires d'Internet, reconnaissance du droit à l'oubli pour les mineurs, des processus destinés à assurer l'effectivité de l'exécution des décisions, y compris contre l'effet miroir, prise en compte des attentes particulières des entreprises) ; le développement des moyens d'action internationaux. Le rapport est disponible à l'adresse suivante : <www.ladocumentationfrancaise.fr>, (consulté le 12/10/2014).

[16] Rapport de Thierry Breton, disponible à l'adresse suivante : <www.ladocumentationfrancaise.fr>, (consulté le 12/10/2014).

pénales tentées ou commises à l'encontre ou au moyen d'un système d'information et de communication, principalement internet »[17]. Il apparaît que la prise de conscience de l'importance d'une telle mesure est récente et a été initiée par l'Observatoire national de la délinquance et des réponses pénales (ONDRP), dans son rapport de 2011 sur la délinquance. Il est aujourd'hui urgent de se doter des moyens nécessaires pour cartographier et mieux cerner cette délinquance. Il est préconisé de solliciter le monde de la recherche ainsi que l'Observatoire afin de faire des enquêtes sur les cybervictimes. L'élaboration d'outils statistiques indépendants pour mesurer la réalité des cyberattaques est nécessaire pour ne plus dépendre des seules données publiées par les éditeurs commerciaux de solutions de sécurité.

2. L'étendue du phénomène

Liée aux NTIC, la cybercriminalité se caractérise par un certain flou dans l'évaluation de son ampleur et le volume exact des dégâts qu'elle peut causer. Comme chaque phénomène criminel, une représentation parfaitement exacte de son ampleur, ou même une série des chiffres, est utopique. Selon les criminologues, seulement 15% des infractions informatiques commises sont enregistrées[18].

Selon le rapport 2014 du CSIS (Center for Strategic and International Studies) sponsorisé par McAfee, l'estimation du coût de la cybercriminalité à l'échelle mondiale est de 327 milliards d'euros (445 milliards de dollars)[19]. La cybercriminalité aurait une incidence sur près de 200 000 emplois aux États-Unis et 150 000 au sein de l'Union Européenne. Pour la France, le coût de cette criminalité numérique s'élèverait à près de 3 milliards d'euros, soit 0,11% du PIB. L'essentiel des coûts concerne le commerce, la compétitivité, l'innovation et la croissance économique de façon globale. Les études récentes montrent que l'économie Internet génère entre 2 000 et 3 000 milliards de dollars, de 15 à 20% de ces bénéfices étant perdus

---

[17] Protéger les internautes, rapport sur la cybercriminalité, 2014, voir *Ibid*. Il est à noter que nous avons proposé la même définition de la cybercriminalité dans notre thèse de doctorat soutenue en 2006 à l'Université Lyon III. On voit ainsi que notre proposition est adoptée par le ministère de la Justice huit ans plus tard.

[18] D.-B. PARKER : *Crime by Computer* (Indiana, Prentice Hall), [1990], p. 23.

[19] Voir L. CAMUS : MCAFEE Versus Cybercriminalité, [2014], disponible à l'adresse suivante : http://www.digitalnews.fr/mcafee-versus-cybercriminalite-art-8247-1.html, (consulté le 14/10/2014).

à cause de la cybercriminalité[20]. Cependant, les pertes qui touchent les données personnelles se monteraient tout de même à près de 160 milliards de dollars et par exemple, aux USA, ce sont 40 millions d'utilisateurs (15% de la population) qui ont fait l'objet de vols de données personnelles sur l'année 2013. Les autres pays fortement concernés sont la Turquie (54 millions), la Corée du Sud (20 millions), l'Allemagne (16 millions) et la Chine (20 millions)[21].

L'année 2013 a également vu se développer quatre types d'attaques. D'abord la méthode « du point d'eau » consistant à piéger une page d'un site très visité par la population ciblée[22]. Ce piège permet d'infecter le poste des visiteurs. Cette méthode a notamment été employée pour collecter des informations auprès de la communauté du nucléaire américain en piégeant la page du site du Ministère du travail consacrée aux compensations en cas d'exposition aux radiations. Les « attaques destructives » se sont multipliées. Leur objectif n'était pas le vol de données mais leur suppression définitive (sabotage) ou temporaire (demande de rançon). Le nombre d'attaques « métiers » a également augmenté en 2013. Elles ont ciblé l'ensemble d'un processus métier comme, par exemple, dans l'affaire du piratage massif de distributeurs de billets où des escrocs ont pu « siphonner » des comptes bancaires dont ils avaient préalablement supprimé la limite de retrait par carte bancaire. Aussi, les hackers ont de plus en plus visé les particuliers avec des attaques « vie privée »[23]. Plutôt que de se confronter à la sécurité du système d'information d'entreprises, ils se sont intéressés aux réseaux personnels de communication, souvent moins protégés, de leurs managers (Facebook, e-mail, etc.). En 2013, le mouvement des Anonymous a perdu de sa force. Les nombreuses arrestations aux États-Unis ont découragé ses sympathisants. Mais l'hacktivisme a laissé des traces dans le monde de la cybercriminalité. Les méthodes telles que l'ingénierie sociale ont été reprises et améliorées. Les motivations avancées par les hacktivistes proches des Anonymous sont maintenant reprises par certains hackers à des fins moins honorables.

---

[20] Ibid.

[21] Ibid.

[22] CLUSIF : Panorama de la Cybercriminalité, [2013]. Disponible à l'adresse suivante : <www.clusif.asso.fr>

[23] Ibid.

Des sous-groupes plus radicaux tels que la Syrian Electronic Army s'en servent également[24].

Les données bancaires demeurent également très convoitées par les cybercriminels. Les méthodes de piratage de distributeurs automatiques de billets se complexifient. Mais les grandes enseignes sont aussi directement visées. Ainsi, à l'approche des fêtes de Noël, le réseau Target a été victime d'une attaque. Ce sont les données bancaires de plus de 110 millions de personnes qui auraient été dérobées[25].

3. Les multiples visages de la cybercriminalité

La loi du 5 janvier 1988 relative à la fraude informatique, dite loi Godfrain, du nom de son initiateur, a mis en place des dispositions propres à la cybercriminalité qui ont été intégrées dans le nouveau Code pénal, entré en vigueur le 1er mars 1994. Elles ont vocation à sanctionner les atteintes aux systèmes de traitement automatisé de données, plus particulièrement le non-respect de la confidentialité, de l'intégrité et de la disponibilité des données et systèmes informatiques (C. pén. art. 323-1 à 323-7 – sur les atteintes aux systèmes d'information). Cette loi visait à compléter le dispositif pénal français pour pouvoir réprimer certaines formes inédites de fraude. Certains agissements restaient en effet en dehors du champ de la répression ou, tout au moins, prêtaient à discussion.

La Convention du Conseil de l'Europe sur la cybercriminalité du 23 novembre 2001 distingue quatre types d'infractions :

- les infractions contre la confidentialité, l'intégrité et la disponibilité des données et systèmes informatiques ;
- les infractions informatiques ;
- les infractions se rapportant au contenu ;
- les infractions liées aux atteintes à la propriété intellectuelle.

Cette typologie n'est pas totalement cohérente, dans la mesure où ces catégories se chevauchent parfois (ainsi les infractions liées aux atteintes à la propriété intellectuelle peuvent se rapporter au contenu, etc.).

---

[24] Ibid.
[25] Ibid.

Il nous semble que cette nomenclature pourrait être simplifiée en se limitant à deux formes de cybercriminalité :

- celle qui porte atteinte aux réseaux (piratage, intrusions sur les sites, vol de données...) ;
- celle qui utilise les réseaux pour porter atteinte aux droits des personnes (contrefaçon, usurpation d'identité, escroquerie, pédopornographie, incitation à la haine raciale, propagande terroriste...).

Ce polymorphisme de la cybercriminalité se retrouve sur les réseaux sociaux. En effet, de la simple usurpation d'identité à l'attaque ciblée visant des données protégées, les actes de malveillance s'expriment sous différentes formes et touchent tant les personnes que les biens.

Dans le cadre de la présente étude, nous nous limiterons aux principaux cybercrimes liés à la personnalité et aux personnes. À savoir l'usurpation d'identité, les atteintes à la vie privée et à l'image des personnes, les atteintes aux mineurs, le spamming et la fraude aux cartes bancaires via Internet.

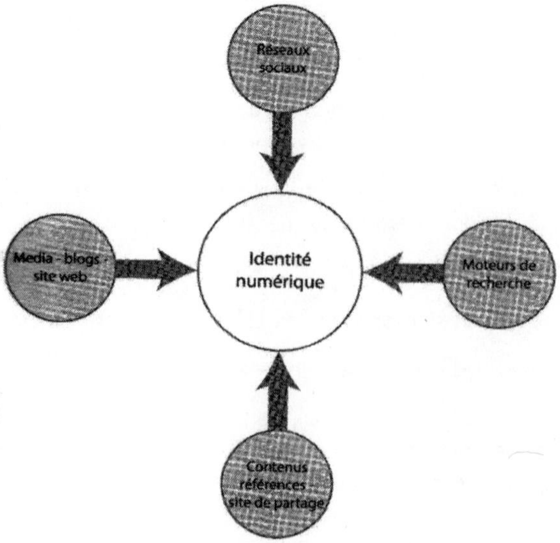

On distingue quatre canaux principaux qui véhiculent l'identité numérique et façonnent la perception de l'internaute : les réseaux sociaux (moteurs de recherche internes, et qualité des connexions sociales), les médias (citations sur les blogs, les passages médias, repris sur les agrégateurs de news et indexés par Google), les moteurs (essentiellement Google, sur les mots-clés stratégiques, à commencer par le nom), les contenus ponctuels indexés par Google et disponibles sur les plates-formes de partage, notamment vidéo (vidéos, documents PowerPoint ou PDF, pages de sites, textes, commentaires)[26].

A. Usurpation d'identité

La LOPPSI II, promulguée le 14 mars 2011, a introduit dans le Code pénal un délit spécifique d'usurpation d'identité s'étendant aux réseaux numériques. Ainsi, l'article 226-4-1 du Code pénal sanctionne « *le fait d'usurper l'identité d'un tiers ou de faire usage d'une ou plusieurs données de toute nature permettant de l'identifier en vue de troubler sa tranquillité ou celle d'autrui, ou de porter atteinte à son honneur ou à sa considération* ».

Tout d'abord, il convient de relever que les victimes potentielles d'usurpation d'identité numérique peuvent être des personnes physiques comme des personnes morales. En revanche, ce n'est plus le seul nom de la victime qui est visé, mais son identité et plus largement n'importe quelle donnée « permettant de l'identifier ». Les informations relatives à l'identité d'une personne physique ou morale susceptibles d'être considérées comme des données « identifiantes » sont nombreuses et variées : nom, prénom, pseudonyme, photographie, dénomination sociale, nom commercial sigle, marque, logo, enseigne, nom de domaine, adresse IP, adresse e-mail, etc.

En France, certaines décisions avaient sanctionné l'usurpation d'identité sur les réseaux sociaux sur le fondement de l'article 9 du Code civil relatif au respect de la vie privée. À titre d'exemple, un acteur et humoriste avait assigné l'auteur d'une page Facebook créée à son nom (avec des photographies, des commentaires, messages postés, où l'auteur du site se faisait passer pour lui...) en lui reprochant une atteinte à sa vie privée et une violation de son droit à l'image. Le tribunal a condamné l'auteur de la page incriminée en rappelant que toute personne, quelle que soit sa notoriété, a droit au

[26] E. FILLIAS et A. VILLENEUVE : E – réputation, Ellipses, [2013], p. 147.

respect de sa vie privée et dispose également d'un droit exclusif qui lui permet de s'opposer à la reproduction de son image sans son consentement préalable[27].

Toutefois, la voie civile était insuffisante pour sanctionner les usurpations d'identité les plus graves. En effet, l'usurpation d'identité est susceptible de nuire gravement à l'e-réputation d'une personne ou d'une entreprise[28]. Un faux profil bien réalisé peut avoir un effet désastreux tant sur l'entourage professionnel, que sur les collaborateurs d'une entreprise, ses partenaires sociaux, les clients, les prospects, etc.[29]

L'appréhension et la sanction de tels comportements sur les réseaux sociaux sont donc un enjeu important, tant pour les personnes physiques que pour les entreprises.

B. Atteintes aux mineurs

Les mineurs utilisent toujours davantage Internet, 12% passant plus de trois heures par jour sur les messageries instantanées et 87% étant tombés sur des contenus choquants en surfant, selon une enquête de l'agence conseil Calysto pour la fédération La Voix de l'Enfant[30]. De par ces comportements à l'égard d'Internet, les mineurs sont des proies particulièrement vulnérables, ce qui explique que le législateur a créé un arsenal juridique fortement dérogatoire au droit commun. La pédopornographie par Internet est une forme particulièrement grave d'exploitation sexuelle des enfants, qui prend de l'ampleur au plan mondial suite au développement de l'utilisation des réseaux numériques. Tel est le constat fait dans le préambule de la décision-cadre 2004/68/JAI du conseil de l'Union européenne du 23 décembre 2003 relative à la lutte contre l'exploitation sexuelle des enfants et la pédopornographie. Ainsi, Internet facilite la diffusion de la pédopornographie avec au moins 100 000 sites qui lui sont dédiés[31]. Les risques concernent enfin les contenus véhiculés par Internet, qui permet aux jeunes d'accéder facilement, et parfois involontairement, à des sites potentiellement traumatisants. Une étude

---

[27] Ibid.
[28] Ibid.
[29] Ibid.
[30] M. QUEMENER et Y. CHARPENEL : Cybercriminalité, Droit pénal appliqué, Economica, [2010].
[31] Ibid.

menée sur des jeunes internautes en Suède, en Norvège, au Danemark, en Islande et en Irlande montre que 26 à 35% des 9 à 16 ans ont déjà été accidentellement exposés à des contenus violents ou particulièrement violents et que 24 à 36% d'entre eux ont eu accès à des contenus de nature sexuelle ou pornographique.

La protection des mineurs contre les risques de l'Internet est ainsi l'une des actions prioritaires des services de l'État même si l'on peut encore constater que quatre-vingt-cinq pays sont dépourvus de législations spécifiques[32].

En France, les affaires de pédophilie représentent environ 20 à 40% des affaires pénales touchant internet traitées chaque mois[33].

Ainsi, dans un arrêt du 21 janvier 2009, la chambre criminelle de la Cour de cassation a rejeté le pourvoi d'un internaute qui avait été condamné à un an de prison avec sursis pour avoir détenu des images pédophiles. Il prétendait être tombé par hasard sur ces clichés qu'il avait pourtant téléchargés à partir d'un logiciel peer-to-peer depuis l'ordinateur de son entreprise et qu'il avait ensuite transférés sur son poste personnel à son domicile. Le prévenu critiquait par ailleurs la légèreté de l'enquête policière. Il reprochait notamment l'absence de vérification des ordinateurs utilisés en réseau par trois autres informaticiens, le défaut de contrôle des logs qui auraient permis de retracer l'historique et la provenance des manipulations d'ordinateurs en cause, etc. Mais la Cour de cassation a estimé que « *la cour d'appel a sans insuffisance ni contradiction répondu aux chefs péremptoires des conclusions dont elle était saisie et caractérise en tous leurs éléments, tant matériels qu'intentionnels, les délits dont elle a déclaré le prévenu coupable* »[34].

---

[32] Ibid.
[33] Ibid.
[34] Ibid.

Tableau des infractions en matière de cyberpédopornographie

Infractions	Textes	Peines (maximales)
– Viol sur mineur	Art. 222-24 2° du Code pénal	– 20 ans de réclusion criminelle
– Viol avec victime mise en contact grâce à réseau de télécommunications	Art. 222-24 8° du Code pénal	– 20 ans de réclusion criminelle
– Agressions sexuelles	Art. 222-27 du Code pénal	– 5 ans /75 000 euros
– Agressions sexuelles sur mineur	Art. 222-29 1° du Code pénal	– 7 ans /100 000 euros
– Victime mise en contact avec réseau de télécommunications	Art. 222-28 du Code pénal	– 7 ans /100 000 euros
– Proxénétisme sur mineur	Art. 225-7 1° du Code pénal	– 10 ans /1 500 000 euros
– Proxénétisme sur mineur de 15 ans	Art. 225-7-1 du Code pénal	– 15 ans de réclusion criminelle/ 3 000 000 euros
– Proxénétisme grâce à réseau de télécommunications	Art. 225-7 10° du Code pénal	– 10 ans / 1 500 0000 euros
– Corruption de mineurs	Art. 227-22 du Code pénal	5 ans /75 000 euros
– Corruption de mineur de 15 ans mis en contact avec réseau de communications électroniques	Art. 227-33 du Code pénal	7 ans / 100 000 euros

C. Atteintes à la vie privée et à l'image des personnes

La protection de la vie privée est essentielle face aux réseaux numériques et aux techniques de communication qui se développent et facilitent ainsi la violation de la sphère intime. Actuellement, suite aux évolutions technologiques qui ont pour incidence de collecter des données personnelles permettant de suivre un individu dans le temps et dans l'espace, la question de la menace sur la vie privée devient particulièrement aiguë. L'infraction d'atteinte à la vie privée est prévue et réprimée par l'article 226-1 du Code pénal. Il existe aussi des infractions dans le Code pénal comme la dénonciation calomnieuse (article 226-10 du CP), la dénonciation mensongère (article 434-26), ou encore l'outrage à une personne chargée d'une fonction publique (article 433-5). Le Code de la consommation définit quant à lui le délit de publicité trompeuse (article L. 121-1). S'agissant des atteintes sanctionnées civilement, il s'agit principalement du dénigrement, lequel constitue un cas de concurrence déloyale condamnable sur le fondement du droit commun de la responsabilité (article 1382 du Code civil). Enfin, les atteintes peuvent être prévues tant par le Code pénal que par le Code civil. C'est le cas notamment de l'atteinte à la vie privée, laquelle est prévue, de manière générale, par l'article 9 du Code civil, et dans certains cas, par les articles 226-1 et s. du Code pénal. En matière d'atteinte à la vie privée, il convient de noter un arrêt du 20 janvier 2009 où est réprimée la diffusion sur Internet d'images dénudées de la plaignante.

D. Le spamming

Le spamming est « l'envoi d'un même message électronique non sollicité à un très grand nombre de destinataires au risque de les importuner ». En 2014, 77 271 300 000 000 de spams ont été envoyés de janvier à octobre.[35]

Si les fraudes via des spams par courriels sont largement connues et souvent associées à d'autres techniques de fraudes type *phishing*, de nouvelles modalités de fraudes via le spam se déploient. Sur le plan répressif, l'acte de spamming, qui aura pour conséquence de saturer un serveur de mail, pourra notamment être qualifié comme le fait d'entraver ou de fausser le fonctionnement d'un système de traitement automatisé de données[36]. À ce titre, il pourra être puni de 5 ans d'emprisonnement et de 75 000 euros d'amende. En outre, le spamming, pour être réalisé, nécessite la collecte frauduleuse des données à caractère personnel des destinataires : adresses mail, numéro de téléphone fixe ou mobile. Une telle pratique est sanctionnée par l'article 226-18 du Code pénal par 5 ans de prison et 300 000 euros d'amende. Les victimes directes du spamming sont les abonnés et clients de l'opérateur, qui se voient importunés ou escroqués. L'opérateur est une victime indirecte, subissant des effets ponctuels de saturation et de détournement de ses ressources techniques[37].

---

[35] Voir planetscope, disponible à l'adresse suivante « www.planetscope.com »

[36] E. MATIGNON : La cybercriminalité : Un focus dans le mode des télécoms, Mémoire du master 2, Université Paris 1 – Sorbonne.

[37] Ibid.

1. Le spam courriel

Le courriel est le support le plus ancien et le plus développé du spam. Le spam courriel est principalement utilisé à des fins publicitaires, d'hameçonnage ou de propagation de virus. Plus précisément, le spam est une pratique consistant à envoyer en masse des e-mails publicitaires à des personnes ne souhaitant pas les recevoir. Ces e-mails font fréquemment la promotion illicite de produits pharmaceutiques, de sites pornographiques ou de sites de jeux, etc.[38]

2. Le spam vocal

Le spam vocal (ou ping call) consiste à appeler un numéro fixe ou mobile depuis un numéro surtaxé et à raccrocher au bout d'une ou deux sonneries, avant que l'appelé n'ait eu le temps de décrocher. Lorsque l'appelé rappelle le numéro indiqué, qui se trouve être un numéro surtaxé, il est alors facturé d'un coût forfaitaire par appel et d'un coût en fonction de la durée de l'appel, sans contrepartie d'un service[39]. Le spam vocal est une pratique frauduleuse en pleine évolution, qui impose une veille active par les services de l'opérateur. Eu égard à son très faible coût, le spam peut être utilisé à des fins commerciales (publicité) mais également dans le cadre d'escroqueries nécessitant la collecte de données personnelles pour usurper l'identité de l'internaute visé (phishing)[40].

3. Le spam sms

Dans ce type de fraude, le spammeur envoie un message SMS non sollicité qui invite à appeler un numéro surtaxé (08ab) ou à renvoyer un SMS surtaxé. En réaction aux actions de prévention et de répression systématiques de l'opérateur, les spammeurs indélicats ont fait évoluer les spams en masquant les numéros à rappeler derrière des adresses URL et en envoyant des messages trompeurs (proches des messages opérateur ou autres acteurs). Le spamming pourra ainsi être assimilé à une entrave ou au fait de fausser le fonctionnement d'un système de traitement automatisé de données.

À titre d'exemple, des utilisateurs peuvent recevoir sur leur mobile le spam suivant : « Répondeur MMS : (1) nouveau message

[38] Ibid.
[39] Ibid.
[40] Ibid.

vidéo ; à 15:37, cliquez sur le lien pour déclencher sa lecture : http://video-sms.com/5/632323224 \Accès Gratuit».

E. Les fraudes aux cartes bancaires via Internet

La fraude à la carte de crédit liée à toutes sortes de transactions est une catégorie majeure de la criminalité[41]. Ce marché est relativement nouveau et il faut du temps pour établir la confiance, en particulier quand les transactions s'effectuent d'un pays à un autre. En effet, 71% des Français jugent la protection sur l'Internet insuffisante. Cela rend le vol d'identité en ligne particulièrement rude pour les victimes, et cela contribue à la méfiance relative du public. Bâtir la confiance est un défi majeur pour la croissance future de l'économie en ligne, mais également pour la lutte contre tous les types de cyberfraude. Dans l'UE, on constate une méfiance des internautes et les trois quarts des personnes interrogées dans une enquête européenne se déclarent dissuadées d'acheter des biens ou services en ligne par peur du vol d'identité. La plupart des personnes interrogées qui ont effectué des achats de biens ou services en ligne s'adressaient à un fournisseur de leur propre pays, gage relatif de sûreté[42].

En France, la loi du 15 novembre 2001 relative à la sécurité quotidienne a créé un observatoire de la sécurité des cartes de paiement qui est chargé notamment de répertorier les modes de fraudes en matière de cartes bancaires. Selon le rapport 2013, le montant total des paiements par carte s'élève à 586,5 milliards d'euros, en croissance de 4,4% par rapport à 2012[43]. Le rythme de croissance annuelle de l'activité est légèrement inférieur à celui de 2012 (+ 5,2%) ainsi qu'à la moyenne des cinq dernières années (+ 5,5%)[44]. Le montant total de la fraude est en augmentation similaire (+ 4,3% par rapport à 2012) pour s'élever à 469,9 millions d'euros en 2013. Ainsi, le taux de fraude sur les paiements et les retraits par carte enregistré en 2013 dans les systèmes français reste stable à 0,080% pour la première fois après cinq années consécutives d'augmentation[45]. Le taux de la

[41] M. QUEMENER et Y. CHARPENEL : Cybercriminalité, Droit pénal appliqué, Economica, [2010], p. 133

[42] Ibid.

[43] Voir Rapport annuel de l'observatoire de la sécurité des cartes de paiement, [2013], p. 16

[44] Ibid.

[45] Ibid.

fraude émetteur, c'est-à-dire de l'ensemble des paiements et retraits frauduleux réalisés en France et à l'étranger avec des cartes émises en France, s'établit en 2013 à 0,069%, pour un montant de fraude de 376,6 millions d'euros (contre 0,065% et 345,2 millions d'euros en 2012)[46]. Pour autant, le nombre de cartes pour lesquelles au moins une transaction frauduleuse a été enregistrée au cours de l'année 2013 s'élève à 861 000 (+ 12% par rapport à 2012). Le montant moyen d'une transaction frauduleuse est en diminution, pour s'établir à 116 euros contre 125 euros en 2012[47].

Ces fraudes sont très fréquentes par le biais de plusieurs techniques comme le « *carding* » qui est une escroquerie réalisée au moyen d'une carte bancaire sans déposséder le titulaire du support matériel qu'est la carte. Le cyberdélinquant récupère des données personnelles en vue de leur utilisation frauduleuse[48].

Reste à noter que l'article L. 163-4 du Code monétaire et financier punit de sept ans d'emprisonnement et de 750 000 euros d'amende le fait de contrefaire ou de falsifier une carte de paiement ou de retrait, de faire ou de tenter de faire usage, en connaissance de cause, d'une carte de paiement ou de retrait contrefaite ou falsifiée, d'accepter, en connaissance de cause, de recevoir un paiement au moyen d'une carte de paiement contrefaite ou falsifiée. Outre la nécessité d'augmenter les moyens de sécurisation de ces paiements, il faut être attentif à leur acceptabilité par l'usager, au risque de voir ceux-ci se détourner vers des sites moins sécurisés, mais plus faciles d'accès. Un certain nombre d'internautes se diraient en effet rebutés par le dispositif « 3DSecure ». C'est bien là le défi qui est posé, à savoir inventer des solutions de sécurisation des paiements plus faciles d'usage. Le groupement des cartes bancaires « CB » a ainsi fait de la sécurité son objectif par une politique bien définie[49].

4. La prévention du phénomène

La mondialisation n'est pas sans incidence sur l'application des règles de droit pénal et bouleverse en particulier le principe de la territorialité de la loi pénale. Elle tend à remettre en cause la concep-

---

[46] Ibid.
[47] Ibid.
[48] M. QUEMENER et Y. CHARPENEL : Cybercriminalité, Droit pénal appliqué, Economica, [2010], p. 133
[49] Ibid.

tion traditionnelle du droit pénal qui est l'expression de la souveraineté des états. La cybercriminalité, qui ne connait pas les frontières, s'inscrit parfaitement dans ce nouveau mouvement et bouleverse fondamentalement ce grand principe, les infractions pouvant être commises en même temps dans plusieurs pays. En effet, compte tenu de la virtualisation et de la dématérialisation des données, le lieu de commission de l'infraction n'est pas forcément situé sur le territoire national ou dans le ressort où se manifestent concrètement les conséquences de cette infraction.

A. L'Office Central de Lutte contre la Criminalité liée aux Technologies de l'Information et de la Communication (OCLCTIC)

Créé par décret interministériel du 15 mai 2000 au sein de la sous-direction des Affaires économiques et financières de la direction centrale de la police judiciaire, cet office a deux principales missions, à savoir, assurer une assistance permanente aux services d'enquêtes pour toutes les questions concernant la cybercriminalité et les infractions nées des nouvelles technologies comme les escroqueries en ligne, le piratage, l'utilisation frauduleuse des moyens de paiements, ainsi que la formation des Investigateurs en cybercriminalité (ICC) spécialisés en criminalité informatique, une veille technologique, les interceptions judiciaires Internet et la gestion des signalements.

L'OCLCTIC développe aussi une action préventive en partenariat avec les ministères concernés, les associations et les entreprises. L'OCLCTIC est organisé en trois structures (opérationnelle, technique, et une cellule d'analyse et de documentation opérationnelle), afin de mener à bien ses missions.

Une plateforme d'assistance technique, dénommée PHAROS, a été mise en place afin de gérer l'ensemble des signalements d'éléments susceptibles de constituer des infractions pénales. Ce logiciel présente l'avantage d'être accessible à tous. Ainsi, chaque internaute peut alerter les pouvoirs publics sur certains contenus ou comportements rencontrés lors d'une navigation Internet et qu'il estime susceptibles d'être punis par la loi française. Les hébergeurs ou animateurs de sites peuvent également, suite à la mise en œuvre de partenariats, signaler les comportements suspects.

Une fois la qualification juridique des faits établis, les preuves sont préservées par des enquêteurs de la plateforme et transmises à des officiers de police compétents dans le domaine concerné (police, gendarmerie, douane, répression des fraudes...).

Enfin, ce dispositif est parfaitement complémentaire de l'action menée par les opérateurs et les hébergeurs dans le cadre de leurs obligations issues de l'article 6 de la loi pour la confiance dans l'économie numérique, et les internautes peuvent aussi signaler les faits de pédophilie ou d'incitation à la haine raciale sur ces sites privés (par exemple http://www.pointdecontact.net/ ou par l'association de fournisseurs d'accès et de services Internet français, l'AFA).

Le site internet-signalement.gouv.fr, qui a reçu en 2013 environ 123 987 signalements, propose notamment des conseils aux parents et aux enfants concernant l'utilisation d'Internet, une information sur l'ensemble des législations nationales et internationales relatives aux crimes et délits à caractère sexuel sur mineurs par le biais des réseaux Internet, les procédures de signalement mises à disposition de l'utilisateur, une présentation des organismes nationaux et internationaux de protection de l'enfance. Cette adresse génère des informations qui sont exploitées par l'office central de lutte contre la criminalité liée aux technologies de l'information et de la communication (OCLCTIC) et par l'office central pour la répression des violences aux personnes (OCRVP), de la Direction centrale de la police judiciaire. Un millier de signalements sont reçus mensuellement, parmi lesquels plus de 12% peuvent être qualifiés de sites pédopornographiques donnant lieu à une ouverture d'enquête en France ou à l'étranger. Par ailleurs, un groupe dédié aux escroqueries sur Internet a été créé en son sein afin de permettre une centralisation opérationnelle de ce contentieux.

B. Les fournisseurs d'accès à Internet

Les fournisseurs d'accès à Internet sont des hébergeurs. À ce titre, leur responsabilité peut être engagée à raison des contenus illicites publiés sur leur réseau.

La procédure de notification de contenu illicite a été instaurée par la LCEN[50]. Elle a pour but d'obtenir le retrait du contenu illicite ou le blocage par l'hébergeur du site Internet concerné, et ce, avant

[50] Loi n° 2004 – 575 du 21 juin 2004 pour la confiance dans l'économie numérique, JO 22 juin 2004.

toute intervention de l'autorité judiciaire. Cette procédure est très largement inspirée de la procédure de *notice and take down* introduite aux États-Unis par le *Digital Millennium Copyright Act* et répond aux exigences de transposition de la directive européenne du 8 juin 2000. Selon l'article -6, I, 3 de la loi LCEN, l'hébergeur bénéficie d'une limitation de responsabilité si, une fois informé de l'existence d'un contenu manifestement illicite, il « a agi promptement pour retirer ces informations, ou en rendre l'accès impossible ». L'alinéa 5 du même article précise que « la connaissance des faits litigieux est présumée acquise (...) lorsqu'il est notifié les éléments suivants :

- la date de la notification ;
- si le notifiant est une personne physique : ses nom, prénoms, profession, domicile, nationalité, date et lieu de naissance ;
- si le requérant est une personne morale : sa forme, sa dénomination, son siège social et l'organe qui la représente légalement ;
- les noms et domicile du destinataire ou, s'il s'agit d'une personne morale, sa dénomination et son siège social ;
- la description des faits litigieux et leur localisation précise ;
- les motifs pour lesquels le contenu doit être retiré, comprenant la mention des dispositions légales et des justifications de faits ;
- la copie de la correspondance adressée à l'auteur ou à l'éditeur des informations ou activités litigieuses demandant leur interruption, leur retrait ou leur modification, ou la justification de ce que l'auteur ou l'éditeur n'a pu être contacté ».

Selon la Cour de cassation, « la notification délivrée au visa de la loi du 21 juin 2004 doit comporter l'ensemble des mentions prescrites par ce texte »[51]. À défaut, elle ne sera pas opposable à l'hébergeur. En revanche, cette notification faite « dans les règles de l'art » crée une présomption d'acquisition de la connaissance du caractère illicite du contenu par le fournisseur d'hébergement. En tout état de cause, pour que la responsabilité des hébergeurs soit

[51] Civ. 1er, 17 fev. 2011, n° 09-67.896, disponible à l'adresse suivante « www.courdecassation.fr »

engagée, il faut que « le caractère illicite de l'information dénoncée soit manifeste ou qu'un juge en ait ordonné le retrait ». C'est ce qu'a précisé le Conseil constitutionnel dans sa décision du 10 juin 2004[52]. En revanche, les Sages n'ont pas jugé utile de préciser ce qu'ils entendaient par « manifestement illicite ». À l'origine, la doctrine s'accordait à dire que cette notion visait « principalement les contenus d'une gravite avérée et dont le caractère illicite ne semble pas discutable [...] par exempte, des contenus à caractère pédopornographique, des écrits faisant l'apologie des crimes de guerre ou qui provoquent directement aux actes de terrorisme » à l'exclusion des cas de diffamation classique. Les juridictions ont, toutefois, retenu une interprétation plus extensive du terme « manifestement illicite » et n'hésitent pas à juger que l'injure et la diffamation publiques « constitue(nt) un trouble manifestement illicite au sens de l'article 809 du Code de procédure civile » qui justifie le retrait des textes litigieux.

Ainsi, lorsqu'un contenu diffamatoire ou injurieux est notifié à un fournisseur de réseau social, celui-ci doit agir promptement (en général sous 48 heures) pour le retirer ou en rendre l'accès impossible[53].

C. Ministère de la Justice

Le ministère de la Justice a mis en place des actions de politique pénale en matière d'infractions commises via les réseaux numériques. Ces orientations sont axées d'une part sur les infractions dites de contenus, en matière de racisme et de mineurs victimes de violences sexuelles sur mineurs et de pédophilie via Internet, et d'autre part sur les infractions aux conséquences économiques importantes comme la contrefaçon ou les jeux en ligne[54].

Le tableau-ci-dessous recense, depuis 2002 les principales initiatives de la Chancellerie destinées aux parquets en matière de lutte contre la cybercriminalité qui dessinent ainsi les contours de la politique pénale en la matière.

---

[52] Cons. Const. 10 juin 2004, n° 2004-496 DC.

[53] E. BAILLY et E. DAOUD : Cybercriminalité et réseaux sociaux : la réponse pénale (Dalloz, AJ Pénal), [2012], p. 255.

[54] M. QUEMENER et Y. CHARPENEL : *op cit* [2010], p. 133

Mai 2002	Rapport du groupe de travail « *Internet et pédophilie* » Présentation des préconisations d'un groupe de travail dédié à l'émergence des atteintes aux mineurs sur et par Internet.
Janvier 2007	Circulaire sur la lutte contre la contrefaçon explicitant les dispositions de la loi du 1er août 2006 - relative aux droits d'auteur et aux droits voisins dans la société de l'information.
Novembre 2007	Dépêche relative au bilan de la loi du 1er aout 2006 sur les droits d'auteur dans la société de l'information. Demande de bilan des réponses pénales apportées aux atteintes aux droits de la propriété intellectuelle au moyen des nouvelles technologies.
Mars 2008	Circulaire relative à l'utilisation des nouvelles technologies : Commentaire du décret du 15 novembre 2007 qui prévoit la numérisation des relations avec les avocats, la numérisation des dossiers d'instruction et la généralisation de la visioconférence pour les audiences pénales.
Décembre 2009	Note pour le 11e rapport annuel de politique pénale plaçant la « lutte contre la cybercriminalité économique » parmi les priorités pour 2010.

Mai 2010	Relations entre les parquets et TRACFIN – modalités du partage d'informations entre TRACFIN et l'autorité judiciaire.
Juin 2010	Présentation de la loi ouvrant à la concurrence et à la régularisation les secteurs des jeux d'argent et de hasard en ligne.
Février 2014	Rapport du groupe de travail interministériel sur « *la lutte contre la cybercriminalité* ».

D. La coopération des secteurs public et privé

Dans le domaine de la cybercriminalité, il apparait indispensable de nouer des partenariats entre les différents acteurs dans le respect des compétences de chacun. En effet, la cybercriminalité a cette particularité d'être mondiale et sans scène de crime, puisque les données numériques sont détenues par des prestataires techniques qui peuvent être situés à l'autre bout du monde. Par ailleurs, de nombreuses associations, dans des domaines divers mènent des actions constructives dans le domaine qui ne sont pas contradictoires mais complémentaires aux missions régaliennes des services de la police et de la justice. Il est important que les acteurs institutionnels se rapprochent aujourd'hui des acteurs du secteur privé qui connaissent souvent parfaitement les mécanismes de comportements cyberdélinquants et peuvent ainsi favoriser la lutte contre ce phénomène. Compte tenu de l'ampleur de certains fléaux comme la pédopornographie via Internet ou les atteintes à la propriété intellectuelle, il n'y a désormais que des avantages à mutualiser les connaissances afin de mieux détecter les réseaux de délinquants de plus en plus organisés et agir de façon plus efficace et coordonnée.

Dans le domaine de lutte contre la cybercriminalité, des associations et des fondations mènent des actions de prévention et collaborent avec les institutions afin d'améliorer la confiance dans les réseaux numériques. Par exemple, l'Association Internationale de Lutte contre la Cybercriminalité (AILCC), reconnue d'utilité publique depuis 2006, mène un travail quotidien de recherche, d'information et d'action, pour combattre la cybercriminalité. Elle est en relation avec des associations européennes et internationales[55].

Conclusion et perspectives

Au terme de cette étude, le moment apparait opportun de dresser un bilan d'appréciation des moyens de lutte contre le phénomène de la cybercriminalité.

- L'absence de définition de la notion de cybercriminalité contribue à sa méconnaissance. Il conviendrait d'insérer le terme de cybercriminalité dans les Codes pénaux et de le rajouter de façon explicite dans la liste des contentieux pouvant être de la compétence notamment des juridictions interrégionales spécialisées (JIRS).
- Une formation spécifique des magistrats qui ont la charge du traitement de ces affaires devrait se développer tant en formation initiale que continue, et une spécialisation plus officielle, comme c'est déjà le cas en matière civile notamment en droit de la propriété intellectuelle, est à préconiser.
- La création d'une instance interministérielle relative à l'ensemble des problématiques liées au numérique apparaitrait pertinente afin d'éviter l'éparpillement actuel des structures. Elle devrait ainsi servir d'interface entre les secteurs public et privé et pourrait également répondre aux demandes faites par de nombreux pays souhaitant bénéficier d'une expertise juridique pour adapter leur propre législation.
- Une clarification des règles de compétence territoriale contribuerait en outre à un traitement plus rapide et efficace des procédures.

---

[55] Voir <www.cybercrime-fr.org>

Neurosciences et droit pénal

À la recherche de la culpabilité perdue : les neurosciences et le droit pénal italien

Federica COPPOLA
Doctorante en Droit, European University Institute, Florence (Italie)

Introduction

La « preuve neuro-scientifique» constitue un type de preuve très particulier. Sa particularité consiste en la possibilité de donner lieu à une révision de certaines institutions fondamentales du système pénal italien, à la fois du point de vue substantiel et procédural. En ce qu'elles suggèrent que l'esprit n'est que l'*ombre* du cerveau, les neurosciences ont, en fait, le potentiel d'éroder l'adéquation des règles et des standards juridiques relatifs à l'élément subjectif du délit, qui sont prétendument fondés sur un dualisme métaphysique obsolète [1] et des intuitions morales souvent erronées.

À la différence du système nord-américain, où le débat sur ce nouveau type d'expertise remonte au début des années 90[2], la réflexion juridique italienne a commencé seulement récemment à aborder la thématique avec l'attention nécessaire. L'impulsion a été fournie par deux cas d'homicide, le premier de la compétence de la Cour d'Assises d'appel de Trieste[3] et le deuxième de la compétence du *Giudice per le Indagini Preliminari* (GIP) près le Tribunal de Cômes[4]. Ces deux cas furent résolus par la reconnaissance d'un vice mental partiel des accusés. La clef de voûte de ces cas fut les résul-

---

[1] Le "dualisme métaphysique" découle du célèbre dualisme cartésien qui, à son tour, a donné lieu au problème que l'on appelle le problème de l' "esprit/cerveau". Descartes a proposé une séparation stricte entre la substance mentale (*res cogitans*) et la substance matérielle (*res extensa*): tandis que la substance mentale est le lieu de la pensée humaine, des états mentaux, et de la conscience, la substance matérielle ne présente pas d'extension dans l'espace et ne peut pas penser. Voir René Descartes, "Discourse on the Method" (1637), The Philosophical Writings of Descartes, Cambridge University Press (1984) 111-142; R. Descartes, "Passions of the soul" (1649), The Philosophical Writings, 325-383.

[2] Voir *People v. Weinstein*, 156 Misc. 2d 34,1992.

[3] Corte di Assise di Appello di Trieste, 18.09. 2009, n.5.

[4] Tribunale Ordinario di Como, Sezione per il Giudice per le indagini preliminari, 20.5.2011, n. 236, Est. Lo Gatto, *Guida al diritto (on line)*, 30 agosto 2011.

tats de l'expertise neuroscientifique, notamment la résonnance magnétique fonctionnelle et les tests de génétique comportementale.

Les neurosciences ont de nouveau été utilisées plus récemment pour évaluer l'*imputabilità* (capacité mentale) de l'accusé, dans un cas concernant le délit de violence sexuelle sur mineurs relevant de la compétence du Tribunal de Venise[5]. La particularité de ce cas réside dans la révélation, pendant l'expertise neuroscientifique de la partie, de la présence d'une tumeur au cerveau qui aurait compromis la « capacité de comprendre et de vouloir » de l'accusé. À la différence des deux cas précédents, le juge a condamné l'accusé en estimant que la pathologie cérébrale n'avait pas du tout compromis la capacité de l'accusé de comprendre la signification de ses actes et d'inhiber ses impulsions.

L'importance des cas étudiés réside donc dans l'utilisation d'instruments probatoires spécifiques et innovants, inconnus – *rectius*, jamais reconnus – dans la procédure italienne, dont les conséquences potentielles sur le plan juridique ont donné lieu à un vif débat entre les experts en la matière et les professionnels du droit, pour tenter de déterminer l'admissibilité ou non de ce nouveau type de preuve scientifique, et jusqu'à quel point, dans le respect des règles et des principes du droit et du procès pénal en vigueur. Les scenarios à venir allant du déni total de l'utilisation des neurosciences en droit pénal, en passant par la reconnaissance partielle de leur capacité potentielle à modifier des présupposés théorique intuitifs sur lesquels les institutions du droit actuel sont fondées, jusqu'à leur future intervention dans la réforme de la législation en vigueur.

Le but de cette contribution est d'analyser ces cas, *de jure condito* et *de jure condendo*, en mettant en lumière les doutes juridiques de la doctrine pénale sur l'entrée de cette nouvelle preuve dans une procédure judiciaire, et en mettant également en avant l'innovation potentielle que les neurosciences peuvent apporter au droit et au procès pénal.

---

[5] Tribunale Ordinario di Venezia, Sez. per il Giudice per le indagini preliminari, 8.4.2013, n. 296.

1. La législation pénale italienne

Avant d'entrer dans l'analyse des cas judiciaires, il convient de réaliser un bref examen préliminaire de la législation pénale italienne, tant substantielle – en matière d'*imputabilità* et d'infirmité mentale – que procédurale, avec une référence à la preuve scientifique. En particulier, nous allons nous concentrer sur l'évolution de la jurisprudence qui a ouvert, à la fois du point de vue substantiel et procédural, le motif de l'entrée de la preuve neuroscientifique dans les cas que nous verrons plus loin.

1.1. Droit pénal italien substantiel : l'*imputabilità* et le vice mental

L'*imputabilità* constitue la condition *sine qua non* de la culpabilité. Selon la conception normative de la culpabilité, en réalité, l'*imputabilità* constitue le présupposé indéfectible de l'élément subjectif du délit, dont l'absence implique la non-formation du délit[6]. L'institution juridique de l'*imputabilità* est réglementée au Titre IV du Livre I du Code pénal italien (*Del reo*) aux articles 85 et suivants. En particulier, l'article 85 C. pen. prévoit que « Nul ne peut être puni pour un acte prévu par la loi comme un délit si, au moment où il a été commis, il n'était pas '*imputabile*'. Est '*imputabile*' qui a la capacité de comprendre et de vouloir »[7].

Le concept de « capacité de comprendre et de vouloir » est un concept très controversé. Cependant, selon la jurisprudence et la doctrine majoritaires[8], par capacité de comprendre on se réfère à la capacité *cognitive* de comprendre au sens juridique de sa propre conduite criminelle et des conséquences punitives de celle-ci (moment intellectuel de l'*imputabilità*) ; par contre, par capacité de vouloir on se réfère à la capacité d'exercer le pouvoir de contrôle et d'inhibition par sa propre volonté (moment volontaire de

---

[6] Le droit pénal italien adopte la théorie tripartite du délit, conformément à laquelle le délit est composé de trois éléments: le fait, l'illégalité du fait et la culpabilité. L'absence d'une de ces trois conditions empêche la formation du délit. Voir CANESTRARI Stefano, *Manuale di diritto penale. Parte Generale*, Il Mulino, Bologna, 2007, 270-275.

[7] Articolo 85 c.p.: "Nessuno può essere punito per un fatto previsto dalla legge come reato se, al momento in cui lo ha commesso, non era imputabile. E' imputabile chi ha la capacità di intendere e di volere".

[8] Voir, par example, FIANDACA, Giovanni, MUSCO, Enzo, *Diritto Penale. Parte Generale*, UTET, Torino, 2008, 330-335.

l'*imputabilità*). Il est à noter que l'existence des deux capacités est nécessaire au moment de la commission du délit, par conséquent, est suffisant l'inexistence d'au moins un des deux pour justifier l'absence de l'*imputabilità*, donc de la culpabilité et, en fin, de la responsabilité pénal.

Le Code pénal énonce les causes d'exclusion ou de diminution de l' *imputabilità* aux articles 86 et suivants. Pour les besoins de cette présentation, nous nous arrêterons sur l'hypothèse des vices mentaux totaux et partiels, réglementés aux articles 88[9] et 89[10] du Code pénal. Selon ces dispositions, le vice mental doit être entendu comme un état mental, dérivant de l'infirmité psychique, qui compromet la capacité de comprendre et de vouloir. Alors que le vice mental total exclut la capacité de comprendre et de vouloir – et donc, impose l'acquittement de l'accusé – le vice mental partiel doit être de telle sorte à compromettre gravement la capacité de comprendre et de vouloir – et donc, il s'ensuit la reconnaissance de la responsabilité partielle et la conséquente réduction de la peine.

Le concept juridique d'infirmité fit l'objet d'une longue dispute jurisprudentielle qui prit fin en 2005, année durant laquelle la Cour de Cassation italienne opta pour une réinterprétation et un élargissement de la notion d'infirmité psychique potentiellement capable de donner lieu à un vice mental pénalement pertinent. Le tournant a été marqué par la célèbre décision des Sections Réunies (Sezioni Unite) n. 9163 (Cas Raso)[11], dans lequel les juges nomophylactiques ont résolu le long débat jurisprudentiel sur le thème de l'*imputabilità*

---

[9] Selon l'article 88 c.p. (Vice mental total): "Un sujet n'est pas «imputabile» si, au moment où il a commis le crime, il était, à cause de l'infirmité, dans un état mental qui exclut la possibilité de comprendre et de vouloir." ("Non è imputabile chi, nel momento della commissione del fatto, era, per infermità, in tale stato di mente da escludere la capacità di intendere e di volere").

[10] Selon l'article 89 c.p. (Vice mental partiel): "Si le sujet, quand il a commis le crime, était, à cause de l'infirmité, dans un état mental qui diminuait fortement, sans l'exclure, la capacité de comprendre ou de vouloir, il est responsable du crime commis; mais la peine est réduite" ("Chi, nel momento in cui ha commesso il fatto, era, per infermità, in tale stato di mente da scemare grandemente, senza escluderla, la capacità di intendere e di volere, risponde del reato commesso; ma la pena è diminuita").

[11] Cassazione Penale, Sezioni Unite, 25.01.2005, n. 9136, *Riv. it. dir. proc. pen.*, 2005, 394-420. À l'égard, voir BERTOLINO, Marta, *L'infermità mentale al vaglio delle Sezioni Unite*, Dir. pen. proc., 2005, 853 ss.

et de l'infirmité[12], et ont établi que peuvent constituer une cause d'exclusion ou de limitation de l'*imputabilità* non seulement les maladies mentales *stricto sensu* - à savoir « les déficits cérébraux originaires et ceux résultants de lésions cérébrales de nature variable (retard mental), ainsi que les psychoses aigues ou chronique, ces dernières caractérisées par un complexe de phénomènes psychiques qui diffèrent de celles qui sont typiques d'un état de normalité pour la qualité et non pour la quantité »[13]- mais aussi les troubles de la personnalité – à la lumière des catégories nosographiques du Diagnostic Statistic Manual (DSM) IV, maintenant DSM V- *à condition qu'*ils « excluent ou diminuent considérablement la capacité de comprendre et de vouloir ». À cette fin, « le tribunal doit vérifier la gravité et l'intensité du trouble » ainsi que « le lien de causalité avec l'acte pénal spécifique »[14].

Comme il peut être lu dans le texte de la décision, les juges de la Cour de Cassation ont souligné que la notion de vice ou infirmité mentale est *purement juridique*, et non clinique. En d'autres termes, pour qu'un trouble mental soit pénalement pertinent, il est donc nécessaire qu'il soit en mesure d'exclure ou au moins de compromettre gravement la capacité de comprendre et de vouloir. En l'absence de ces conditions, les troubles mentaux, même graves, n'ont pas de signification juridique.

Selon les juges de la Cour, afin de vérifier si un certain trouble puisse s'élever au niveau du vice mental au sens juridique, il est avant tout nécessaire que le tribunal estime sa «gravité» et son «intensité». Toutefois, bien que l'intensité et la gravité doivent être considérées comme des conditions nécessaires, elles ne sont pas suffisantes pour garantir qu'un certain trouble soit considéré comme cause d'exclusion ou de limitation de la capacité de comprendre et de vouloir. En

---

[12] Avant du jugement du 2005, la Cour de Cassation avait tendance à exclure la possibilité d'une expansion excessive de la notion d'infirmité que inclurait aussi les «anomalies psychiques» sans un substrat biologique, à savoir celles pas liées à un altération anatomique-fonctionnelle grave. Voir, par example, Cass. Pen., Sez. VI, n. 26614/2003; Cass. Penale, 17 giugno 1997, in *Cass. CED,* n. 207825; Cass. Penale, 17 novembre 1997, in *Cass. CED*, n.208929; Cass. Penale, 27 gennaio 1998, in *Cass. CED*, n. 209681; Cass. Penale, 5 giugno 2003, in *Cass. CED*, n. 225560.

[13] Voir le point 8.0 du jugement des Sections Réunies en référence à un précédent jugement de la Cour de Cassation à l'égard du concept d' "infirmité", à savoir Cass. Pen., Sez. VI, n. 26614/2003.

[14] Voir le point 15.0 du jugement des Sections Réunies.

fait, la Cour de Cassation souligne que pour qu'un trouble soit considéré comme pertinent pour le jugement du fait commis, il est nécessaire d'évaluer son paramètre qualitatif pour vérifier l'existence d'un lien de causalité entre cette condition mentale et le crime commis.

En bref : tous les troubles de la personnalité ne peuvent pas être considérés comme « vice mental » au sens des articles 88 et 89 du Code pénal, mais il est nécessaire qu'ils satisfont les conditions de pertinence juridique fixées par la Cour de Cassation[15].

Les conclusions des juges de la Cour de Cassation, bien qu'elles constituent une modernisation significative de la notion d'«infirmité» à la lumière des nouvelles connaissances scientifiques, ne résolvent cependant, ni la question sur la typologie et le diagnostic du problème, ni sur le type et le diagnostic de troubles de la personnalité pertinents pour le jugement, ni l'évaluation de l'impact de la maladie sur la capacité de comprendre et de vouloir de l'agent au moment du fait. D'autre part, la même Cour constate des risques liés à un tel élargissement de la notion d'infirmité[16] ; mais, dans le même temps, considère « que le risque peut être éliminé par une évaluation sérieuse, pratique et scientifique de la capacité mentale, en particulier lorsqu'elle est effectuée par l'expert dans le domaine qui a la tâche de juger de l'impact de la maladie sur la capacité cognitive et volitif de l'accusé et la relation entre les troubles et les comportements déviants; le juge, par contre, aurait le pouvoir de traduire cette évaluation en termes de culpabilité selon le principe général énoncé à l'article 85 c.p. »[17].

1.2. Droit procédural pénal italien : la preuve scientifique et les critères Daubert

Le Code de procédure pénale italien prévoit deux types de preuve: les preuves typiques et les preuves atypiques. Alors que les preuves typiques sont celles qui sont expressément prévues dans le Code de procédure (comme, par exemple, le témoignage, la comparaison, etc.), les preuves atypiques sont celles que ne sont pas

---

[15] À cet égard, voir COLLICA, Maria Teresa, *Anche i" disturbi della personalità" sono infermità*, Riv. it. dir. proc. pén., 2005, 420-447.

[16] Voir, en particulier, les points 13.0 et 14.0 du jugement des Sections Réunies

[17] BERTOLINO, Marta, Empiria e Normatività nel giudizio di imputabilità per infermità di mente, Legislazione Penale, n.1, UTET, 2006.

expressément réglées par le code, mais qui contribuent à compléter la collecte de preuves utiles au cas. À cet égard, le code assigne leur admissibilité à la discrétion du juge, à condition qu'elles remplissent les conditions prévues aux articles 188[18] et 189[19] du Code de procédure pénale, à savoir que la preuve (atypique) ne viole pas la liberté d'auto-détermination morale et la liberté de la personne, et qu'elle est susceptible d'assurer l'établissement des faits du procès.

S'agissant spécifiquement de la preuve scientifique, en 2010[20], la Cour de Cassation a décrit des lignes directrices pour déterminer l'admissibilité de la preuve scientifique suivie par les tribunaux américains, à partir de la célèbre affaire Daubert en 1993[21], et puis révisée par la décision rendue dans l'affaire Khumo en 1999[22]. Dans ces affaires, après avoir constaté qu'il n'existait de certitudes en science, mais seulement de nouvelles théories provisoires, les tribunaux américains ont déclaré que le critère basé sur le «consensus de la communauté scientifique » ne suffit pas à valider une preuve, car sinon on arrêterait l''introduction de nouvelles méthodes dans le procès. D'autres paramètres importants de fiabilité ont été identifiés dans la vérifiabilité de la méthode, à savoir le contrôle par des expériences ou des tests de *falsification*; dans la soumission à l'examen ou la publication dans des revues professionnelles par les pairs; l'indication du taux connu ou potentiel d'erreur que cela comporte (taux

---

[18] Selon l'article 188 c.p.p.- La liberté moral de la personne: "Ne peuvent pas être utilisés, même avec le consentement de la personne concernée, les méthodes et techniques susceptibles d'affecter la liberté d'autodétermination de la personne ou d'affecter sa capacité de se souvenir et d'évaluer les faits". (Art. 188 c.p.p. – Libertà morale della persona nell'assunzione della prova: "Non possono essere utilizzati, neppure con il consenso della persona interessata, metodi e tecniche idonei ad influire sulla libertà di autodeterminazione o ad alterare la capacità di ricordare e valutare i fatti").

[19] Selon l'article 189 c.p.p.- Preuve atypique: "Quand on demande une preuve qui n'est pas réglementée par la loi, le tribunal peut l'accepter si elle est nécessaire pour assurer l'établissement des faits et qu'elle ne touche pas la liberté morale de la personne. Le tribunal procède à l'admission, après avoir écouté les parties sur les modalités d'exécution des preuves". (Art.189 c.p.p.- Prova atipica: "Quando è richiesta una prova non disciplinata dalla legge, il giudice può assumerla se essa risulta idonea ad assicurare l'accertamento dei fatti e non pregiudica la libertà morale della persona. Il giudice provvede all'ammissione, sentite le parti sulle modalità di assunzione della prova").

[20] Cass. Pen., Section IV, 17.09.2010, n. 43786 (Cas Cozzini)

[21] Daubert v. Merrell Dow Pharmaceuticals, Inc., 509 U.S. 579, 593 (1993)

[22] Kumho Tire Company, Ltd. v. Carmichael, 526 U.S. 137 (1999)

d'erreur) ; et enfin, dans l'acceptation de cette méthodologie scientifique par la communauté d'experts.

Par conséquent, pour qu'une preuve scientifique soit admise et acceptée dans le cadre d'un procès pénal, il s'agit de vérifier quatre exigences :

1) La théorie ou la technique doit être susceptible de *falsification*[23], ainsi que réfutable et vérifiable;

2) La théorie ou la technique a dû être soumise à un examen par les pairs et à une publication ;

3) Les potentiels du taux d'erreur doivent être connus;

4) La mesure dans laquelle la théorie et la technique doivent être généralement acceptés par la communauté scientifique concernée.

Ces brèves prémisses législatives exposées, nous permettent d'aborder à présent l'analyse des trois cas qui ont « baptisé » l'entrée de la preuve neuroscientifique dans les procès pénaux italiens. Malgré les discussions qu'ils ont engendrées, ces cas ont en même temps ouvert les horizons d'une réflexion considérable pour la communauté juridique italienne, ainsi qu'internationale.

2. Les cas judiciaires

Comme mentionné dans l'introduction, la preuve neuroscientifique fait de plus en plus partie du débat juridique italien en raison de trois cas judiciaires dans lesquelles les neurosciences ont été utilisées dans l'expertise pour évaluer la capacité de comprendre et de vouloir de l'accusé au moment du délit. Dans ces trois cas, dont deux étaient un homicide et le troisième un crime de violence sexuelle contre mineurs, les neurosciences ont eu un poids différent dans sur la preuve, qui a conduit à l'adoption des jugements finaux.

Dans le cas Bayout du 2009, la Cour d'Assises d'Appel de Trieste a confirmé la décision de responsabilité partielle de l'accusé pour vice mental adopté par le juge de *primae curae*. Cependant, la particularité de ce cas réside dans la circonstance que la Cour de deuxième instance a réduit la peine d'une autre année sur la base des tests génétiques remplis dans l'expertise neuroscientifique, lesquelles auraient montré que l'accusé possédait certains polymorphismes

---

[23] Qui signifie, en anglais, être vérifiable.

génétiques – en particulier, l'allèle MAO-A à basse efficience (MAOA – L) - qui le prédisposait à des comportements agressifs et violents. Le cas Albertani est similaire au précédent pour la méthodologie utilisée dans l'expertise neuroscientifique et pour le résultat du jugement (ici aussi un vice mental partiel a été reconnu, ex article 89 c.p.), mais il est certainement plus frappant car la Cour a *expressément et seulement* fondé sa décision sur les conclusions de l'expertise neuroscientifique.

Par contre, le troisième cas, cas Mattiello, diffère des deux premiers en ce que le tribunal n'a pas fondé sa décision sur l'expertise neuroscientifique mais, au contraire, a émis de sérieux doutes sur sa fiabilité à la fois scientifique et juridique. Plus précisément, la Cour a observé que la preuve neuroscientifique présentée n'avait pas une valeur probante suffisante à l'égard de l'*imputabilità* de l'accusé au moment des faits, et que les techniques utilisées étaient encore dans la phase de validation expérimentale, et donc ne répondaient pas aux critères de fiabilité de la preuve scientifique prévus par la Norme Daubert.

La différence dans l'évaluation de la preuve neuroscientifique dans ces trois cas a montré une attitude encore confuse et incertaine par le monde judiciaire, pouraccepter et interpréter les résultats de cette nouvelle preuve scientifique. À notre avis, cette confusion suggère que le droit et le procès pénal italien ne sont pas encore prêts à utiliser correctement ce nouveau type de connaissance, ce qui rend donc nécessaires non seulement la poursuite de travaux de recherche qui établissent une base conceptuelle solide sur laquelle construire une relation productive entre les deux disciplines, mais aussi une majeure prise de connaissance de la part du monde du droit sur les possibilités concrètes et les limites de cette nouvelle science.

En d'autres termes, une entrée prudente de la preuve neuroscientifique dans le procès pénal requiert une *cognitio scientiae* majeure de l'organe judiciaire, mais aussi un langage plus clair et objectif de l'expert, qui pourrait commettre la faute d'une interprétation subjective des résultats du test, avec par conséquent une confiance insuffisante ou surévaluée dans la décision judiciaire. L'analyse de ces trois cas et le panorama des questions juridiques qui ont surgis ensuite (Section 3) pourraient certainement rendre ces affirmations préliminaires plus tangibles.

2.1 Le cas Bayout (Cour d'Assises d'Appel de Trieste, 1er octobre 2009, n. 5)

En 2009, A. Bayout, un citoyen algerien résident dans la ville de Trieste, fut accusé d'homicide volontaire du citoyen sud-américain W.F. Novoa-Perez, perpétré à la suite d'une querelle banale entre Bayout et un groupe de citoyens d'Amérique du Sud, l'un d'eux avait insulté Bayout à cause de son visage maquillé pour des raisons religieuses.

L'homicide n'avait pas eu lieu immédiatement, car Bayout avait réagi avec violence et fut blessé. Apres cela il s'en est allé, et est parti parler avec l'Imam. Il est ensuite retourné armé d'un couteau dans le quartier où il avait rencontré les sud-américains. Il poignarda et tua un autre citoyen Sud-américain, en le prenant pour l'homme qui l'avait soi-disant offensé.

Durant le procès de première instance, il apparut que Bayout avait eu un de traitement psychiatrique, car il souffrait d'un trouble psychotique de type délirant, qui lui provoquait des hallucinations auditives. Cependant, après un an de traitement auprès du *Centro di Salute Mentale* (Centre de Salut Mental), Bayout avait suspendu la thérapie neuroleptique. A l'issue du procès de première instance, lorsque le défendeur, déjà « dans une condition de pathologie psychiatrique »[24], avait été soumis à une évaluation psychiatrique « traditionnelle »[25], la juridiction le condamna, mais avec la reconnaissance de l'incapacité partielle de comprendre et de vouloir au moment du délit. Toutefois, le *Giudice per l'Udienza preliminare* (GUP)[26], sur base des avis d'experts commis d'office et des parties, n'a pas accordé la réduction maximale de peine (jusqu'à un tiers)

---

[24] SARTORI, Giuseppe, SAMMICHELI, Luca, "Delitto, Geni, Follia", en Neodarvinismo e scienze sociali, a cura di R. Vignera, Milano, Franco Angeli, 2010.

[25] En particulier, l'expert avait considéré l'accusé affecté par une « pathologie psychiatrique significative de type psychotique, spécifiquement un trouble psychotique de type délirant sur un sujet avec un trouble de la personnalité avec traits impulsifs-antisociaux, et avec une capacité cognitive-intellective inférieure à la norme ». Voir Corte di Assise di Appello di Trieste, sent. n. 5 /2009, 6.

[26] Le Giudice per l'Udienza Preliminare (appelé GUP) est le juge qui décide lors de l'audience préliminaire avant le procès de première instance à la demande du procureur de la République de renvoyer en procès ("rinviare a giudizio") le prévenu. Le GUP décide sur l'instance durant laquelle le prévenu demande l'application du "rito abbreviato", qui est un rite spécial caractérisé par l'absence du procès ordinaire de première instance.

prévue à l'article 63 du Code pénal, «...considérant que le vice mental partiel n'avait pas compromis au plus haut degré *l'imputabilità* de l'accusé »[27].

Dans les motifs d'appel avancés par la défense celle-ci se plaignait, du refus d'accorder la réduction maximale de peine pour l'infirmité mentale partielle, car le juge de *primae curae* n'avait pas pris dûment en considération la gravité de la maladie dont Bayout souffrait. Les juges de la Cour d' Assises d'Appel de Trieste ont ensuite décidé d'ordonner une autre évaluation par des experts, plus exhaustive, et ont nommé *ex officio* un expert en neuropsychologie clinique, le professeur Giuseppe Sartori, de l'Université de Padoue, et un expert en génétique moléculaire, le professeur Pietro Petrini, de l'Université de Pise. En s'inspirant partiellement de la méthodologie traditionnelle psychiatrique, les deux experts ont adopté la méthode « anatomique-clinique »[28], qui est contextualisée dans quatre moments de diagnostic :

1) *Diagnostic descriptif:* de façon comparable à l'approche psychiatrique traditionnelle, cette étape du diagnostic préliminaire est finalisée par l'identification des symptômes psychopathologiques[29];

2) *Diagnostic in situ:* ce moment du diagnostic consiste en la détection, à travers les techniques de neuro-imagerie, du site de la lésion cérébrale (anatomique ou fonctionnel) associé aux symptômes trouvés durant le diagnostic descriptif[30];

3) *Diagnostic de nature:* cette phase vise à identifier le mécanisme causatif de l'altération morphologique ou fonctionnelle, éventuellement considéré à l'origine des symptômes indiqués dans le diagnostic descriptive[31];

4) *Diagnostic fonctionnel*: cette dernier phase vise à indiquer les conséquences d'un certain trouble et à explorer le fonctionnement de la personnalité globale du sujet[32].

[27] Corte di Assise di Appello di Trieste, sent. n. 5 /2009, 6
[28] SARTORI, SAMMICHELI, *supra*.
[29] Ibid.
[30] Ibid.
[31] Ibid.
[32] Ibid.

Plus précisément, les deux experts, en plus de la méthode utilisée dans l'expertise traditionnelle qui se compose de tests et d'entretiens psychiatriques, ont fait usage d'outils d'enquête relevant des neurosciences cognitives, à savoir un type de résonance magnétique structurelle (VBM - Voxel Based Morphometry[33]) et tests génétiques.

Alors que la neuro-imagerie effectuée pour vérifier la présence d'éventuelles anomalies structurelles du cerveau n'aurait pas produit de résultats significatifs, les enquêtes génétiques visaient particulièrement importantes à « rechercher les polymorphismes génétiques importants pour moduler les réponses à des variables environnementales, y compris, ce qui est intéressant pour ce cas, l'exposition à des événements stressants et à y réagir par des comportements impulsifs »[34]. Cette enquête a permis aux experts de mettre en évidence que l'accusé était porteur de l'allèle génétique MAOA à basse efficience (MAOA-Low)[35], ce qui rend le sujet *plus enclin* à montrer de l'agressivité dans des situations de stress, ainsi que l'incapacité à contrôler ses pulsions violentes.

Cette situation de « vulnérabilité génétique », concomitante à un trouble psychiatrique déjà constaté, a conduit les juges de la Cour à accepter les résultats offerts par les neurosciences par rapport à l'examen psychiatrique effectué en première instance, en confirmant l'infirmité partielle de l'accusé, mais en réduisant encore la peine de 9 à 8 ans et 2 mois d'emprisonnement.

---

[33] La VBM (acronyme de Voxel Based Morphometry) est une technique d'analyse de neuro-imagerie qui consiste en l'analyse de différences focales dans l'anatomie du cerveau, en utilisant l'approche statistique appelée cartographie paramétrique statistique. Habituellement, le VBM est effectuée pour examiner les différences neuroanatomiques entre hémisphères cérébrales. Voir MECHELLI, Andrea et al., "Voxel-Based Morphometry of the Human Brain: Methods and Application", Current Medical Imaging Reviews, Vol. 1, No. 1, 2005, 1-9.

[34] Jugement de la Cour d'Assises d'Appel de Trieste, 8

[35]Pour une bonne explication sur la variable génétique MAOA – L et les implications potentielles pour la responsabilité criminelle, voir BAUM, Matthew L., "The Monoamine Oxidase A (MAOA) Genetic Predisposition to Impulsive Violence: Is it Relevant to Criminal Trials?", Neuroethics, Volume 6, Issue 2, 2013, 287-306; voir aussi RAINE, Adrian, "From Genes to Brain to Antisocial Behavior", Current Directions in Psychological Science, Vol. 17 N.5, 323-328.

2.2 Le cas Albertani (Tribunal de Como, 20 Mai 2011, n. 236)

Dans le cas *de qua*, les neurosciences ont joué un rôle plus important en tant que méthode d'évaluation de la "capacité de comprendre et de vouloir" de l'accusé. La principale nouveauté, par rapport au cas de Trieste, est le fait que la principale référence faite par le juge à la base de sa décision a été l'expertise neuroscientifique offerte par la défense.

Les faits ont eu lieu à Cômes en 2009, où S. Albertani, une femme italienne de 28 ans soumise à des écoutes au sein de son habitation (*intercettazioni ambientali*)- car déjà suspectée d'avoir tué et caché sa sœur quelques mois auparavant- a été découverte en flagrant de délit alors qu'elle tentait de mettre le feu à sa mère. En confirmation des soupçons des enquêteurs, les enquêtes préliminaires et le procès ont démontré que l'accusée était responsable de l'homicide de sa sœur qu'elle avait causé par l'administration de benzodiazépines (ce qui avait conduit la victime dans un état de confusion mentale et d'incapacité réactive), ainsi que des crimes de la répression et de la destruction du cadavre de sa sœur, et de l'utilisation abusive des cartes de crédit appartenant à sa sœur. De plus, l'accusée a avoué aussi avoir causé – durant les années précédentes - l'incapacité de discernement de son père par l'administration de médicaments psychiques, la tentative d'homicide de ses deux parents après avoir essayé de faire exploser la voiture, et la tentative d'assassinat de sa mère par strangulation.

En accueillant les demandes de la défense, le *Giudice Per Le Indagini Preliminari* (GIP) le juge, Dr. Luisa Lo Gatto, avait autorisé deux entretiens psychiatriques à l'issu desquels l'expert de la défense avait conclu qu'au moment du dernier délit commis, en 2009, l'accusée avait agi dans un état pathologique d'un type psychotique de nature telle à la rendre totalement incapable de comprendre et de vouloir. Une telle condition psychiatrique, bien qu'en l'absence d'un diagnostic spécifique, avait conduit le juge à nommer un expert *ex officio*, dont les conclusions étaient diamétralement opposées à celles du premier expert : tout en reconnaissant la présence d'une « condition psychiatrique caractérisée par le mensonge pathologique et un syndrome dissociatif »[36], l'accusée était totalement capable de comprendre et de vouloir au moment du fait.

Le contraste entre les deux expertises a conduit la défense à demander l'intégration de l'expertise psychiatrique avec des enquêtes additionnelles liées aux neurosciences cognitives et à la génétique comportementale. En particulier, les deuxièmes experts de la défense ont procédé à la « reconstruction de la corrélation anatomique-fonctionnelle de la sphère psychique de la patiente à travers l'imagerie cérébrale et la génétique moléculaire »[37].

À la fin des examens neuropsychologiques conduits sur base de la neuro-imaginerie, les experts ont mis en évidence des «différences dans la morphologie et le volume des structures cérébrales [...] des altérations dans la densité de la matière grise, dans certaines zones clés du cerveau [...] aussi dans les processus qui régulent le mensonge, ainsi que dans les processus de la suggestibilité et de l'auto-suggestionabilité, et dans la régulation des actions agressives»[38]. En outre, les experts ont utilisé « des tests genetiques pour verifier si l'accusée possidait des allèles qui, selon la littérature scientifique internationale, sont significativement associés à un risque accru de comportement impulsif , agressif et violent»[39]. Les enquetes genetiques ont demontré que l'accusé possedait « trois alléles defavorables, parmi lesquels le MAO-A Low (à basse efficience), à savoir les alléles qui augmentent significativement le risque de developpement de comportements aggressifs et impulsifs »[40].

À la lumiere de cette clef de voute scientifique, S. Albertani fut condamnée à 20 ans d'emprisonnement, *au lieu de 30*, car le juge lui a reconnu un vice mental partiel causé par la présence d' « altérations dans une zone du cervau qui a la fonction de réguler les actes agressifs et, dans la perspective génétique, dans la présence de facteurs significativement associés à un risque majeur de comportement impulsif, aggressif et violent»[41].

---

[36] G.i.p. Como, 20.5.2011, n. 236
[37] Ibid.
[38] Ibid.
[39] Ibid.
[40] Ibid.
[41] Ibid.

2.3 Le cas Mattiello (Tribunal de Venise, 8 April 2013, n. 296)

Dans le cas *en question*, un pédiatre connu de Vicenza, D. Mattiello, fut accusé d'avoir commis de façon répétée des violences sexuelles sur des enfants d'âge préscolaire dans l'école maternelle avec laquelle il collaborait. L'histoire du procès commence à la suite de rapports faits par des enseignants de l'école maternelle à la *Procura della Repubblica* de Venise sur la base des déclarations d'une enfant de 3 ans après une visite chez le pédiatre, déclarations au cours desquelles l'enfant révéla avoir fait un jeu étrange lors de l'examen médical. La *Procura della Repubblica* décida de mettre le cabinet de Mattiello sous vidéosurveillance afin d'observer les activités de Mattiello. En particulier, une de ces vidéos montra Mattiello qui, après s'être filmé avec sa caméra alors qu'il se masturbait, avait placé une chaise en face de la caméra; et qui, après être sorti de son cabinet, y était revenu avec un enfant qu'il avait placé debout sur la chaise. Alors qu'il était en train de la harceler, la police est intervenue et a arrêté le docteur en flagrant de délit. Pendant l'interrogatoire, Mattiello a avoué avoir harcelé cinq enfants à partir de l'année précédant la date de l'arrestation, en justifiant ses actions par l'incapacité de retenir ses pulsions sexuelles envers les enfants. Les imputations qui ont été lui attribuées furent les infractions de violence sexuelle sur mineurs et de production de pornographie juvénile, car des vidéos faites avec sa caméra dans lesquelles il filmait des mineurs ont été trouvés sur le disque dur de son ordinateur.

Pendant sa détention préventive en attendant son procès, Mattiello fut soumis à une expertise de la défense. Les consultants ont révélé que Mattiello souffrait d'une pathologie grave du cerveau (*chordome du clivus*), pour laquelle il avait subi deux interventions chirurgicales pour enlever la tumeur. Les consultants de la défense ont fait valoir qu'il y avait une corrélation entre le *chordome du clivus* et l'orientation « pédophilique acquise » de Mattiello, en influant sur sa capacité de vouloir au moment des faits. Pendant l'exécution de l'expertise, les experts ont soumis Mattiello à plusieurs entretiens, à des tests neuropsychologiques et à la neuro-imagerie, dont il émergeait, en particulier, que Mattiello souffrait de dysfonctionnements des structures sous-corticales liées au cortex orbito-frontal qui avait causé des déficits dans l'inhibition des comportements automatiques, ainsi que des problèmes de l'intelligence sociale et émotionnelle . Pour confirmer plus le diagnostic de « pédophilie acquise », les résultats du test a- IAT (*Autobiografic Implicit Association Test*, qui mesure les liens de connexité entre les concepts représentés dans la mémoire) a montré la coïncidence dans le temps entre le début de la maladie et le début de l'abus (environ un an et demi avant son arrestation). Les experts de la partie, donc, soutenaient que la tumeur cérébrale avait pu causer à l'accusé des troubles cognitifs et du comportement des manières suivantes: « *en comprimant les structures des régions orbito-faciales médiales, donc en y provocant des dysfonctionnements des structures subcorticales connéctees au cortex orbito-frontal (hypothalamus, hypoxies), ainsi qu'en comprimant les fibres nerveuses de la connexion corticales/ sous-corticales et corticale ponto cérébelleux qui passent dans le tronc cérébrale et dans le pont* »[42]. Selon les experts, la lésion de ces zones cérébrales aurait donc compromis sa capacité de contrôler ses impulsions. Par conséquent, selon les experts, Mattiello était totalement incapable de comprendre et de vouloir au moment des faits.

Les consultants du juge sont arrivés à des conclusions diamétralement opposées. Selon le bureau de consultants, la tumeur ne ferait que compromettre le tronc cérébral, laissant pratiquement « *intact l'axe hypothalamique, et donc il ne pouvait pas avoir eu d'impact sur la sphère sexuelle* »[43]. En outre, selon les consultants, la tumeur n'avait même pas impliqué la région orbital-frontale, et donc les capacités morales et d'inhibition des impulsions de l'accusé ne pouvaient pas être affectées[44]. Les consultants de la Cour ont donc fait valoir qu'il ne s'agissait pas d'un cas de pédophilie acquise, mais plutôt que Mattiello était tout à fait capable de comprendre le sens de ses actions et de contrôler ses pulsions sexuelles.

À la différence du cas analysé précédemment, le juge n'a pas ordonné une troisième expertise, mais a considéré approprié de baser sa décision sur les conclusions de ses consultants, et a condamné l'accusé à 5 ans de réclusion pour le délit de violence sexuelle sur mineurs, ainsi que pour le délit de production de matériel pédopornographique[45]. Comme il peut être lu dans les motifs de la décision,

---

[42] Tribunale Ordinario di Venezia, Sez. per il Giudice per le indagini preliminari, n. 296/2013, 16.

[43] *Ibid.*, 18

[44] *Ibid.*

[45] En deuxième instance, Mattiello a été acquitté pour le délit de production de matériel pédopornografique. Les juges de la Cour d'Appel de Venise ont réduit la peine de 5

le tribunal a jugé peu fiable, ou insuffisamment justifiée, la corrélation entre la pathologie cérébrale et l'orientation pédophilique de Mattiello, soulignant qu'il y avait eu trop peu de cas dans lesquels une tumeur avait donné lieu à des situations de pédophilie acquise. En outre, selon la Cour, les tests neuropsychologiques utilisés par les témoins experts - notamment l'a- IAT - sont encore au stade expérimental et ne peuvent donc pas encore être considérés comme fiables. Donc, le tribunal a jugé que la thèse scientifique proposée par les consultants de la défense ne répondait pas aux critères Daubert sur la fiabilité de la preuve scientifique.

En vertu de ces circonstances, la Cour a considéré que l'expertise de la défense n'avait suffisamment montré ni la connexion entre la tumeur et le diagnostic de la pédophilie acquis de Mattiello, ni que le Mattiello souffrait d'un trouble de pédophilie. Dans ses remarques finales, le juge s'est référé à la décision Cour de Cassation de 2005, et a souligné que les troubles de la personnalité peuvent être pertinents pour l'*imputabilità* si et *seulement si* ils compromettent la capacité de comprendre et de vouloir au moment du fait. En effet, des résultats du procès, il n'émergeait pas, selon le juge, un cadre d'éléments de preuve qui démontrerait une compromission dans la sphère cognitive et volontaire au sens juridique de l'accusé, Mattiello a été considéré comme entièrement *imputabile* et donc responsable des crimes qui lui ont été imputés.

3. Questions juridiques et perspectives d'avenir pour la recherche

Les trois cas analysés étaient, et sont toujours, au centre d'un débat vif sur les neurosciences, la responsabilité pénale et le procès, à la fois dans le scenario doctrinal national et international. Ce débat – impliquant juristes, neuroscientifiques, et philosophes du droit – se concentre précisément sur les possibilités et les limites d'une utilisation concrète et fructueuse des neurosciences dans le procès pénal. Même aujourd'hui, le débat se divise en deux branches, l'une plus négative et l'autre plus positive.

Selon la branche la plus sceptique, la preuve neuroscientifique ne constitue pas un type de preuve fiable, et donc son entrée dans le procès pénal devrait être écartée. Les motivations principales à la

---

a 2 ans et 8 mois d'emprisonnement. Voir Cour d'Appel de Venise, 16.12.2013, n. 1944.

base de cette conclusion visent des aspects du droit substantiel et procédural. Dans la perspective substantielle, il est soutenu que l'empirisme neuroscientifique priverait de signification l'essence normative de la culpabilité: en fait, attribuer la causalité à une quelconque anomalie cérébrale équivaudrait à nier la raison d'être du droit pénal comme instrument coercitif visant à conduire et corriger le comportement humain[46]. Dès lors, ces auteurs affirment la conjugaison impossible, ou au moins difficile, des concepts juridiques et des théories neuroscientifiques, en soulignant que la normativité du droit pénal ne peut pas être remplacée par l'empirisme neuroscientifique. Si les neurosciences étaient vraiment en mesure de démontrer les corrélations neuronales ou génétiques d'un certain trouble du comportement, cela n'ajouterait rien ni remettrait en cause le droit pénal, car le droit pénal est basé sur des artifices conceptuels axiologiquement orientés – comme, par exemple, celui de l'infirmité mentale – dont la structure resterait indifférente à une description scientifique[47].

Du point de vue de la procédure, cependant, quelques auteurs soulignent les défauts épistémologiques de la preuve neuroscientifique. Tout d'abord, sont en évidence les limites de la preuve neuroscientifique pour confirmer ou non l'existence de la capacité de comprendre et de vouloir. En d'autres termes, les auteurs appartenant à cette branche attribuent aux neurosciences seulement une valeur descriptive et non explicative, avec l'impossibilité conséquente de prouver *l'imputabilità* de la personne au moment de l'acte criminel sur la base d'une simple image du cerveau ou d'un polymorphisme génétique[48], car il s'agit d'une simple preuve inductive[49] sur laquelle ne peut être fondé un jugement de responsabilité.

D'autres auteurs, encore, soutiennent que, bien que les résultats obtenus avec cette nouvelle technique prouvent leur véracité dans

---

[46] Voir, par example, PARDO Michael, PATTERSON Dennis, "Philosophical Foundations of Law and Neuroscience", University of Illinois Law Review, 2010, 1211-1250; Voir aussi MORSE, Stephen J., "Avoiding Irrational Neurolaw Exuberance: A Plea for Neuromodesty", Mercer Law Review, Vol. 62, 2011, 837-859.

47 Voir MORSE, Stephen J., "New Neuroscience, Old Problems", Brain, Mind and the Scale of Justice, Garland B. ed., (2006) 157-198.

[48] BROWN, Teneille R., MURPHY, Emilie, "Through a Scanner Darkly: Functional Neuroimaging as Evidence of a Criminal Defendant's Past Mental States", Stanford Law Review, Vol. 62, Issue 4, 2010, 1119-1208.

[49] Voir PARDO Michael, PATTERSON Dennis, Philosophical foundations, 1222 ss.

un certain nombre de cas, ces résultats ne correspondraient pas à la vérité dans un autre pourcentage. Plus précisément les auteurs mettent en doute le fait que l'utilisation de la résonance magnétique fonctionnelle puisse être en mesure de répondre aux paramètres du « taux d'erreur » indiqué dans les critères Daubert[50]. En outre, ils estiment que la preuve neuroscientifique pourrait induire en erreur le juge[51] qui, n'étant pas un expert en la matière, pourrait être influencé par l'extrême technicité scientifique représentée par la neuro-imagerie, en la croyant plus fiable que l'évaluation psychiatrique ordinaire, et reposerait entièrement sur l'opinion d'un expert, qui deviendrait en conséquence le réel *peritus peritorum*.

Selon la branche plus positive - dont nous faisons partie - les neurosciences ouvrent des scenarios certainement moins dramatiques dans le contexte du droit et du procès pénal. En réalité, une interprétation prudente des études neuroscientifiques pourrait bien apporter une aide à la loi pénale en termes de précision et d'exhaustivité[52]. Cette branche part de l'hypothèse selon laquelle le droit pénal est basé sur des concepts obsolètes, eux-mêmes souvent basés sur des intuitions morales qui n'ont pas de correspondance réaliste aves les dynamiques de la pensée humaine. Les neurosciences fournissent donc des outils utiles pour révéler les défauts conceptuels des règles et des institutions fondamentales du droit pénal, et pourraient conduire la doctrine pénale à évaluer la possibilité d'une réforme, au moins en termes d'interprétation[53]. Autrement dit, les neurosciences ne remplacent pas, mais ont le potentiel de revisiter et compléter la conception ordinaire de la responsabilité pénale, en offrant des outils

---

[50] Voir GOODENOUGH, Oliver, TUCKER, Michaela, Law and Cognitive Neuroscience, 2006, Annu. Rev. Law. Soc. Sci., 61-92.

[51] MCCABE, David P., CASTEL, Alan D., "Seeing is believing: the effect of brain images on judgments of scientific reasoning", Cognition 107 (2008) 343–352.

[52] Dans cette branche, voir, par example, JONES, Owen, "Seven Ways Neuroscience aids Law", Neurosciences and the Human Person: New Perspectives on Human Activities Pontifical Academy of Sciences, Scripta Varia 121, Vatican City (2013) 1-14; SANTOSUOSSO, Amedeo (a cura di), "Le neuroscienze e il diritto", Ibis:Pavia (2009); FREEMAN, Michael, GOODENOUGH, Oliver (eds.), "Law, Mind, and Brain", Ashgate Publishing, Ltd (2009); BOTTINI, Gabriella et al., "Past, Present and Future of Neuroscience and Law", Rassegna Italiana di Criminologia, 1, (2013) 17-22.

[53] RAIDER, Laura, "Toward a New Test for Insanity Defense: Incorporating the Discoveries of Neuroscience into Moral and Legal Theories", UCLA Law Review, 46 (1998) 289-381

d'enquête utiles pour réévaluer ces concepts, règles et normes d'un autre temps.

De toute évidence, le processus de rencontre entre le droit pénal et les neurosciences est très lent et très complexe, et nécessite un travail de recherche considérable, apte àdégager des compromis principalement conceptuels, afin de promouvoir une entrée consciente et prudente de la preuve neuroscientifique dans le procès pénal, en évitant le risque d'une mauvaise interprétation et une mauvaise utilisation par les professionnels du droit. En d'autres termes, il faut surmonter l'asymétrie constante entre le discours scientifique et le discours juridique. La science tente d'établir la réalité des faits et utilise les méthodes les mieux adaptés pour la recherche, alors que le monde judiciaire poursuit les idéaux de la justice par les règles et les principes énoncés par les Codes.

Demander à un scientifique si une personne a un « trouble mental » au sens du Code pénal signifie lui poser une question à laquelle il ne peut pas répondre. Comme l'a souligné un auteur, « la science pose des questions que la loi ne considère pas, et le droit pose des questions à la science auxquelles la science n'est pas en mesure de répondre. [Cela signifie que] les réponses offertes par la science ne sont pas des réponses aux questions posées par le droit »[54].

[54] Texte original: "La scienza si pone delle questioni che il diritto non considera, il diritto pone delle domande alla scienza cui essa non è in grado di rispondere e le risposte offerte dalla scienza non sono risposte alle domande poste dal diritto". SAMMICHELLI, Luca, SARTORI, Giuseppe, "Neuroscienze e imputabilità", in DE CATALDO NEUBURGER (a cura di), "La prova scientifica nel processo penale", Padova, CEDAM, 2010, 357.

Une « neuro-jurisprudence » émergente : quelques cas aux Etats-Unis

Georgia Martha GKOTSI
Faculté de Biologie et de Médecine,
Faculté de Droit et Sciences Criminelles, Université de Lausanne, Suisse
Unité de recherche en psychiatrie et psychologie légales, institut de psychiatrie légale (IPL), Département de Psychiatrie du Centre Hospitalier Universitaire Vaudois (CHUV)

Introduction

Au cours des dernières années, une révolution neuroscientifique s'est produite. Une explosion d'intérêt pour les neurosciences a eu lieu et a conduit au développement de nombreuses neuro-disciplines, de la neuro-éthique à la neuro-économie, en passant par le neuro-marketing. Un des domaines émergents est le neuro-droit, néologisme qui désigne le champ de recherche et de réflexion pluri-disciplinaire consacré aux applications juridiques des neurosciences et dont le but est d'apporter un éclairage nouveau –grâce aux neurosciences– sur les différentes étapes de la procédure judiciaire[1].

Aujourd'hui, certaines méthodes de neuro-imagerie –utilisées à l'origine pour étudier la relation entre cerveau et comportement afin de contribuer à la recherche clinique– ont déjà trouvé leur place dans les procédures judiciaires et ont été utilisées en droit pénal. Des données neuroscientifiques, en particulier celles relatives aux techniques de neuroimagerie, sont de plus en plus fréquemment sollicitées au cours des plaidoiries, notamment celles de la défense. De nouvelles techniques neuroscientifiques font leur apparition dans les tribunaux, comme l'Electroencéphalographie (EEG), l'Imagerie par Résonance Magnétique (IRM) structurelle ou fonctionnelle, la Spectroscopie à Résonance Magnétique (SMR) et la Tomographie par Emission de Positrons (TEP ou PET scan).

---

[1] Centre d'analyse stratégique, Séminaire du 11 sept. 2012, Le cerveau et loi : éthique et pratique du neurodroit.

L'engouement manifeste pour l'utilisation des données neuroscientifiques dans le cadre de procédures judiciaires a suscité le développement d'une jurisprudence aux Etats-Unis, où les connaissances, techniques et méthodes neuroscientifiques sont utilisées dans des contextes pénaux variés. Les images du cerveau en particulier sont souvent introduites à toutes les étapes de la procédure pénale, mais surtout au stade de l'évaluation de la responsabilité pénale de l'accusé et de la détermination de sa sanction.

L'utilisation des données neuroscientifiques fait également son apparition au sein des tribunaux européens et une jurisprudence se constitue progressivement dans différents pays européens, à l'image des Etats-Unis, suscitant des avis divergents. Il est donc intéressant d'examiner la manière dont ces données ont déjà été utilisées dans les tribunaux américains.

Dans cette perspective, nous allons présenter quelques cas issus de tribunaux états-uniens, où des preuves issues des méthodes et techniques neuroscientifiques ont été utilisées. Nous allons nous concentrer sur les stades de la procédure pénale relatifs à l'évaluation de la responsabilité pénale (1) et à la détermination de la sanction (2).

1. Neurosciences et détermination de la responsabilité

1.1. La responsabilité pénale dans le droit états-unien

Un individu ne devient criminel que lorsque les deux éléments fondamentaux constituant le crime sont réunis, à savoir l'acte coupable (actus reus) et l'intention coupable (mens rea)[2]. Le principe de la responsabilité criminelle d'un individu se résume par le principe « *Actus facit reum nisi mens sit rea* » qui signifie que la culpabilité ne peut pas être établie sans démonstration que l'auteur des faits n'ait agi avec l'intention de commettre chacun des éléments matériels du délit[3].

---

[2] Stephen J. Morse, & Morris B. Hoffman, "The uneasy entente between legal insanity and mens rea: Beyond Clark v. Arizona", The Journal of Criminal Law and Criminology, 2007, pp. 1071-1149.

[3] Christian Byk, « Neurosciences et administration de la preuve pénale devant les juridictions des États-Unis », Médecine & droit, 2011, vol.106, pp. 59-63.

Le Code pénal modèle, adopté par une majorité d'États, distingue quatre degrés d'intention coupable : purposefulness (agir à dessein), knowledge (conscience de ce que son acte va causer un résultat déterminé), recklessness (la témérité) et négligence (l'imprudence)[4].

La culpabilité de l'accusé dépend donc, en partie, de la détermination de son état mental/intention coupable au moment de l'infraction.

C'est ici que les neurosciences, et la neuroimagerie en particulier, pourraient jouer un rôle important en mettant en lumière le sens de « purposefulness » ou « knowledge » dans un cadre neurobiologique : les preuves issues de la neuroimagerie reposent sur un vaste corpus de recherches neurobiologiques selon lesquelles quelques anomalies cérébrales sont associées au contrôle des impulsions, à l'empathie et à la manifestation d'un comportement antisocial. Le lobe frontal fait l'objet de nombreuses recherches en neurosciences et une littérature abondante met en relation les lésions dans le cortex préfrontal, ainsi que les déséquilibres entre le cortex préfrontal et les structures sous-corticales, avec le manque d'inhibition, la manifestation d'un comportement antisocial et la criminalité[5]. Les sites impliqués dans le déclenchement des accès de violence peuvent être nombreux : on les situe non seulement dans les aires frontales et préfrontales, mais également dans l'amygdale, l'hippocampe et l'hypothalamus, qui composent le système limbique[6]. Des anomalies corticales du thalamus et de l'amygdale ont été détectées chez des

---

[4] Ibid; Judith G. Edersheim, Rebecca W. Brendel, Bruce H. Price, "Neuroimaging, Diminished Capacity and Mitigation", in J.R. Simpson (Ed.) Neuroimaging in Forensic Psychiatry: From the Clinic to the Courtroom, John Wiley & Sons, 2012, pp. 163-193; Robert M. Sapolsky, "The frontal cortex and the criminal justice system", Philosophical Transactions of the Royal Society B. Biological Sciences, 2004, vol. 359, no. 1451, pp. 1787-1796.

[5] Steven Penney, "Impulse control and criminal responsibility: lessons from neuroscience", International journal of law and psychiatry, 2012, vol. 35, no 2, pp. 99-103; Allan Siegel, Jeff Victoroff, "Understanding human aggression: New insights from neuroscience", International journal of law and psychiatry, 2009, vol. 32, no. 4, pp.209-215; J. Grafman, K. Schwab, D. Warden, A. Pridgen, H. R. Brown, & A. M. Salazar, "Frontal lobe injuries, violence, and aggression: A report of the Vietnam Head Injury Study", Neurology, 1996, vol. 46, no. 5, pp. 1231–1738

[6] Peggy Larrieu, « Neurosciences et évaluation de la dangerosité. Entre néo-déterminisme et libre-arbitre », Revue interdisciplinaire d'études juridiques, 2014, vol. 72, no. 1, pp. 1-23.

criminels, chez lesquels on suppose une difficulté à réguler les pulsions agressives[7].

Or, la présentation des preuves de déficits dans une de ces régions cérébrales pourrait donner lieu à la présentation d'une défense de négation de l'intention coupable requise pour le crime perpétré. Le défaut de preuve d'intention coupable, argumenté à l'aide des neurosciences conduirait soit à un verdict de non culpabilité, soit à une requalification des charges en une incrimination d'un niveau de gravité moindre.

Même dans les cas où les deux éléments du crime sont prouvés au-delà de tout doute raisonnable, le défendeur peut toujours nier sa responsabilité, en invoquant une défense affirmative de justification ou d'excuse, comme l'aliénation mentale. Ici aussi, des preuves neuroscientifiques pourraient servir de base pour invoquer l'irresponsabilité à cause d'une maladie ou d'une déficience mentale [8].

L'admissibilité des preuves neuroscientifiques aux Etats-Unis :

Les preuves neuroscientifiques doivent être conformes aux règles générales régissant la recevabilité d'une preuve scientifique. Toutes les preuves présentées lors d'un procès ne sont admises que si elles sont pertinentes à l'affaire. En vertu de la règle fédérale de preuve 403, une preuve autrement pertinente peut quand même être écartée si elle n'est pas utile à la résolution du litige, si elle cause un préjudice indu, si elle tend à confondre ou à embrouiller les questions en litige ou si elle constitue une perte de temps pour le tribunal [9].

Les preuves neuroscientifiques doivent également répondre aux règles de preuves spécifiques qui sont déterminées par la juridiction de chaque cas. Selon la règle de « general acceptance » formulée dans *Frye v. United States*[10] qui est applicable dans une minorité

---

[7] Adrian Raine, "Psychopathy, Violence and Brain Imaging", In A. Raine & J. Sanmartin (Eds.), Violence and Psychopathy, Springer, 2001, pp. 35-55

[8] Stephen J. Morse, Morris B. Hoffman, "The uneasy entente between legal insanity and mens rea: Beyond Clark v. Arizona" op. cit. p. 1075

[9] Victor J. Gold, "Federal Rule of Evidence 403: Observations on the Nature of Unfairly Prejudicial Evidence", Washington Law Review, 1982, vol. 58, pp. 497-536

[10] Frye v. US (1923) 293 F. 1013, 1014 (DC Cir. 1923). « Si les juridictions peuvent admettre les témoignages d'experts tirés de principes scientifiques ou de découvertes largement reconnues, il importe que l'élément à partir duquel cette déduction est faite

d'Etats, les preuves scientifiques, qu'il s'agisse de théories ou de méthodes, ne seront admises que si celles-ci ont été acceptées sans réserve par les spécialistes des disciplines concernées.

En 1993, un nouveau test s'appuyant sur les «Federal Rules» américaines a été adopté par la Cour suprême des États-Unis dans l'affaire *Daubert v. Merrell Dow Pharmaceuticals Inc.*[11]. Il est appliqué par les juridictions fédérales et un nombre significatif de juridictions d'États, conformément à la règle fédérale de preuve 702, selon laquelle le juge se donne le pouvoir d'agir comme «gardien» (Gatekeeper) pour évaluer la validité de la preuve scientifique. Dans l'arrêt Daubert, la cour suprême affirme ainsi le rôle éminent qu'elle attribue aux juges du fond pour garantir la scientificité des savoirs détenus par les experts, et ce aux moyens des critères de scientificité qu'elle énonce. Ces critères sont les suivants : la méthode utilisée est-elle vérifiable et a-t-elle été testée ? S'agit-il d'une méthode vérifiée par les pairs et publiée ? La marge d'incertitude de la méthode est-elle connue ? Y a-t-il des principes de base connus de cette méthode et fait-elle l'objet d'un consensus scientifique ?

1.2. La détermination de la responsabilité pénale à l'aide des neurosciences

1.2.1. Présentation des cas

Dans de nombreux cas, l'introduction des preuves neuroscientifiques dans la phase de la détermination de la responsabilité a donné lieu à une réduction des charges, ou encore formé la base d'un appel qui est parvenu à infirmer la décision du tribunal inférieur d'exclure ce genre de preuve.

Un des premiers cas où des preuves de neuroimagerie ont été introduites dans un procès pénal fut celui de Herbert Weinstein *(People v. Weinstein*[12]*)*, un retraité qui avait étranglé sa femme à New York en 1991, et maquillé le meurtre en suicide en jetant le corps du haut de l'immeuble; après avoir avoué son meurtre une année plus tard, Weinstein a invoqué une irresponsabilité à cause d'une maladie ou d'une déficience mentale, sur la base de l'existence d'un kyste arach-

---

soit suffisamment établi pour avoir recueilli l'acceptation générale dans le domaine auquel il appartient. »

[11] Daubert v. Merrell Dow Pharmaceuticals Inc., 43 F3d 1311 (9th Circ. 1995).

[12] People v. Weinstein (1992) 591 N.Y.S.2d 715 (N.Y. 1992).

noïde dans le lobe frontal de son cerveau qui aurait comme conséquence la diminution de ses fonctions exécutives.

Ses avocats ont voulu introduire comme preuve une Tomographie par Emission de Positrons (PET scan) démontrant le kyste ainsi qu'une zone d'augmentation anormale autour d'une partie de ce kyste. À l'issue de l'audition *Frye* qui a eu lieu afin de permettre de juger la recevabilité du PET scan, ce dernier a passé le test de « general acceptance » et le tribunal de première instance a accordé sa permission aux experts de la défense de décrire le kyste et les déséquilibres métaboliques dans le cerveau de Weinstein. En revanche, le juge ne les a pas autorisés à témoigner du fait que le kyste et l'existence d'un hypométabolisme dans les lobes frontaux avaient directement causé le comportement violent manifesté par l'accusé, en objectant que cette théorie ne bénéficiait pas d'une acceptation sans réserve par les spécialistes des disciplines concernées. Finalement, le jury n'a pas eu à examiner ce genre de preuve car le procureur a accepté de réduire les charges, dans le cadre d'un arrangement (« plea bargaining ») sur la peine.

Dans l'affaire *U.S v. Erskine*, s'agissant d'un délit de fausse déclaration bancaire, la défense n'a pas été autorisée à présenter le témoignage d'un expert qui, basé sur la neuroimagerie (un « brain scan », sans plus de spécification) ainsi que sur ses observations cliniques, témoignait du fait qu'Erskine présentait une déficience mentale qui le rendait incapable de former l'intention coupable requise pour le crime, c'est-à-dire la capacité d'influencer une banque. La Cour d'appel a infirmé la condamnation et la décision du tribunal de première instance d'exclure ce témoignage. Selon la Cour, même si la valeur probante de ce témoignage serait douteuse (sujet sur lequel la Cour ne se prononce pas), en excluant sa présentation, le tribunal de première instance a privé Erskine de son droit d'apporter des preuves à l'appui de sa défense. La Cour a spécifié que ces preuves devraient prouver *«son incapacité à agir dans un but précis ou à comprendre l'existence d'un lien de causalité entre les informations qu'il avait présentées à la banque et la décision de cette dernière de lui prêter de l'argent*[13]*»*.

[13] US v. Erskine 588 F.2d 721 (9th Cir. 1978).

Dans une affaire plus récente (*United States v. Sandoval Mendoza*[14]), Mendoza, inculpé pour trafic des stupéfiants, avait présenté une défense de provocation policière (entrapment defense) en alléguant que les policiers qui l'avaient arrêté en se présentant comme des clients étaient au courant de l'existence d'une grosse tumeur dans son cerveau qui influençait son intelligence et son jugement et le rendait particulièrement susceptible d'être piégé.

A l'appui de cette défense, deux experts, un neurologue et un neuropsychologue, étaient prêts à présenter une IRM démontrant une grande tumeur de l'hypophyse qui comprimait le lobe frontal, le lobe temporal, et le thalamus du cerveau de l'accusé. Selon les experts, ces résultats étaient indicatifs d'une arriération mentale et pouvaient être associés à un manque d'inhibition et à des troubles du jugement. A l'issue de l'audience Daubert, le Tribunal a exclu les témoignages, comme *«non pertinents pour la défense de provocation policière »* et *«manquant de validité scientifique»* parce que *« les experts n'ont pas réussi à établir un lien de causalité entre la tumeur et une susceptibilité à l'incitation alléguée»*. Ils ont également ajouté que *« la valeur probante de ce témoignage est contrebalancée par sa tendance à dérouter le jury »*.

La Cour d'appel a réformé la décision du tribunal de première instance d'exclure les témoignages des experts et renvoyé l'affaire pour un nouvel examen qui les prendrait en considération. Le juge a conclu que l'exclusion de ces preuves avait *« empêché Sandoval-Mendoza de prouver l'absence de prédisposition impulsive et violente et entravé sa capacité à se défendre»*. Comme l'arrêt l'affirme, même si *«les connaissances médicales et l'étiologie sont souvent incertaines,... un avis médical doit être accepté comme témoignage lorsque les connaissances médicales permettent l'affirmation d'une opinion raisonnable »*.

Si, dans ces quelques cas, le juge a accordé la possibilité d'accéder aux preuves issues des neurosciences et de la neuroimagerie, cela est loin d'avoir été vrai dans toutes les situations.

[14] US v. Sandoval-Mendoza 472 F.3d 645 (9th Cir. 2006).

Comme par exemple dans le cas de Paul Yum, (*People v. Paul Seong Chul Yum)*[15], déclaré coupable pour l'homicide de sa mère et de sa sœur (second-degree murder).

Les avocats de Yum avaient tenté de présenter, entre autres, un SPECT scan comme preuve que Yum était victime de maltraitance par son père, qu'il avait subi un traumatisme crânien grave et qu'il souffrait d'un trouble de stress post-traumatique (TSPT) « *qui l'avait rendu dément au moment des meurtres* » et par conséquent, incapable de former l'intention coupable requise pour le crime. Selon l'expert de la défense, le SPECT scan aurait démontré l'existence d'une activité réduite dans le lobe temporal gauche et une hyperactivité dans d'autres parties de son cerveau. En appel, Yum a invoqué l'erreur du Tribunal de première instance de ne pas avoir considéré le meurtre comme un homicide involontaire et de ne pas avoir accepté les preuves issues du SPECT scan.

La Cour d'appel a confirmé la décision d'exclure le SPECT scan comme preuve, indiquant que pour satisfaire aux normes d'admissibilité, le défendeur aurait du *«démontrer que l'utilisation du SPECT scan dans le but de diagnostiquer un traumatisme crânien et le trouble de TSPT était généralement admis dans le domaine de la neuroimagerie et de la neurologie »*. Le tribunal, basé sur le témoignage d'un expert de l'accusation, ainsi que sur la littérature médicale pertinente, a conclu qu'il n'y avait pas de consensus parmi les spécialistes des disciplines de la neuroimagerie et de la neurologie sur l'utilisation d'un SPECT scan pour diagnostiquer *«un traumatisme crânien antérieur et des troubles mentaux comme le TSPT »,* et qu'en général, *« cette technique était considérée comme pas fiable à cet effet ».*

De même, dans l'affaire *People v. Protsman*[16], le tribunal a affirmé la décision du Tribunal de première instance d'exclure un PET scan comme preuve d'une lésion cérébrale. Eugene Protsman a été reconnu coupable de meurtre au premier degré et condamné à la prison à vie sans possibilité de libération conditionnelle. Deux experts de la défense, un neurologue et un neuropsychologue avaient affirmé que Protsman avait subi un traumatisme crânien dans le passé et souffrait de lésions dans les lobes frontal et temporal, ce qui avait

---

[15] People v. Yum 3 Cal.Rptr.3d 855 (Cal Ct. App 2003)

[16] People v. Protsman, 105 Cal. Rptr. 2d 819 (Cal. Ct. App. 2001)

influencé sa stabilité émotionnelle, son jugement et sa capacité à contrôler ses pulsions. Protsman a fait appel de sa condamnation en alléguant que le tribunal de première instance avait commis une erreur qui pourrait justifier l'infirmation du verdict (reversible error) en excluant le témoignage d'un troisième expert de la défense, spécialisé dans la neuroimagerie. Cet expert était prêt à introduire un PET scan démontrant une diminution de l'activité du lobe frontal, résultat qui était compatible avec le traumatisme crânien antérieur et les témoignages des deux autres experts. Cependant, la Cour d'Appel a confirmé l'exclusion du témoignage, en estimant que la défense n'avait pas réussi à démontrer l'existence d'un consensus dans les disciplines de la neuroimagerie et de la neurologie pour l'utilisation du PET scan dans le but de diagnostiquer un traumatisme crânien antérieur[17].

Dans *People v. Coombs*[18], le défendeur a fait appel de sa condamnation de meurtre au premier degré, alléguant qu'en raison de ses déficiences intellectuelles, il n'aurait pas pu former l'intention coupable (mens rea) de préméditation et de propos délibérés exigée par le statut Californien pour ce crime. À l'appui de cette affirmation, il a invoqué le témoignage de deux experts. Le premier expert, un psychiatre, a conclu que l'accusé souffrait de TSPT et d'un trouble de personnalité mixte. Le deuxième expert, un neurologue, avait estimé que Coombs souffrait de schizophrénie, d'une manie et d'un « dysfonctionnement cérébral » non spécifié. Il a présenté les résultats d'un Electro-encéphalogramme (EEG) et d'une IRM comme preuves de l'existence des «anomalies et des lésions cérébrales» et a avancé que le défendeur souffrait d'un syndrome cérébral organique, soit prénatal, soit généré très tôt dans la vie.

Le tribunal a rejeté l'argument de la défense en considérant le témoignage de l'expert comme non pertinent car il ne s'était pas prononcé sur le sujet crucial, c'est-à-dire l'intention coupable de l'accusé au moment où il avait commis le crime : *« Bien que l'expert ait attesté que l'accusé souffrait d'un trouble mental qui aurait pu influencé ses actions, il a quand même reconnu que le défendeur n'était pas un handicapé mental, qu'il retenait sa capaci-*

[17] People v. Protsman, 105 Cal.Rptr.2d 823-824

[18] People v. Coombs 43 Cal. 4th 821 (Cal. 2004).

té d'apprécier le caractère illicite de son acte, et qu'il avait planifié les crimes ».

1.2.2. Quelques remarques

Jusqu'à maintenant, il existe peu de précédents d'admission des preuves neuroscientifiques au stade de la détermination de la responsabilité pénale.

Les cas résumés ci-dessus indiquent que les raisons les plus fréquentes pour l'exclusion de ce genre de preuve peuvent se regrouper en trois catégories générales : (1) les preuves neuroscientifiques ne parviennent pas à satisfaire les règles d'admissibilité des tests Daubert ou Frye; (2) les avocats ne parviennent pas à établir un lien de causalité fort entre l'anomalie du cerveau démontrée à l'aide de la neuroimagerie et la façon dont cette anomalie pourrait prouver que l'intention criminelle spécifique qui est requise pour le crime en question n'existe pas; (3) la modalité technique introduite dans le procès n'est pas scientifiquement fiable pour le diagnostic de l'état clinique en question.

Les tribunaux de première instance sont généralement peu disposés à autoriser une « recherche à l'aveugle » des anomalies neurologiques décelables sur les scanners cérébraux et demandent à l'expert d'expliquer en détail comment les anomalies identifiées pourraient prouver que l'accusé n'avait pas l'intention coupable spécifique requise pour la condamnation du crime[19].

Même dans les cas où les preuves issues de la neuroimagerie ont été admises dans la procédure criminelle, elles n'ont que rarement abouti à l'acquittement de l'accusé. Les preuves neuroscientifiques n'ont été jusqu'à maintenant que peu utiles pour disculper les prévenus et, on peut penser qu'elles ne seront que rarement en mesure de déterminer à elles seules la responsabilité criminelle du sujet[20].

---

[19] J. Edersheim et al, 2012, Op.cit., *supra,* n. 4

[20] Owen D. Jones, Francis D. Shen, Law and neuroscience in the United States. In International Neurolaw, Spranger T. M. (Ed.), Berlin Heidelberg, Springer, 2012, pp. 349-380.

2. Neurosciences et détermination de la sanction

Alors que les perspectives de succès des défenses présentées au stade de l'évaluation de la responsabilité et basées sur l'argument « mon cerveau me l'a fait faire » semblent assez faibles, les preuves neuroscientifiques ont au contraire déjà un impact remarquable dans la phase de la détermination de la peine, surtout dans les affaires où l'accusé encourt la peine de mort.

2.1. « Capital cases » : brève description de la procédure

Dans le système de justice pénale états-unien, la phase de la détermination de la culpabilité est séparée et suivie par celle de la détermination de la sanction.

Dans le cadre de cette phase, les deux parties, la défense et l'accusation, demandent l'indulgence ou la gravité de la sanction. La défense plaide l'indulgence du tribunal en faveur de son client, en mettant en évidence des facteurs atténuants, comme les circonstances difficiles - l'abus, la pauvreté, etc. - dont il a été victime, ou en essayant de démontrer qu'il ne constitue pas une menace grave pour la société. En revanche, les procureurs présentent des facteurs aggravants et réclament généralement l'imposition de sanctions sévères sur la base du caractère odieux du crime commis, ou du risque élevé de récidive.

Dans le cas de crimes passibles de la peine de mort, cette procédure est plus formalisée. La plupart des États où la peine de mort est en vigueur disposent de lois spéciales qui précisent les facteurs aggravants et les facteurs atténuants à considérer dans la détermination de la peine. Dans la plupart de ces cas, la condamnation à mort doit être prononcée à l'unanimité d'un jury qui délibère après avoir entendu les arguments des deux parties. La perpétuité réelle sera automatiquement prononcée si le jury ne parvient à l'unanimité. Dans cette phase, le jury est confronté à la « question morale et normative » de savoir si un accusé mérite l'exécution[21].

Les procureurs doivent prouver l'existence d'au moins une circonstance aggravante faisant du meurtre en question un crime

[21] John H. Blume & Emily C. Paavola, "Life, Death, and Neuroimaging: The Advantages and Disadvantages of the Defense's Use of Neuroimages in Capital Cases—Lessons from the Front", Mercer Law Review, 2011, no.62, pp. 909-944.

capital. Dans plusieurs Etats, la dangerosité future de l'accusé constitue un de ces facteurs aggravants[22]. Pour la défense, la liste n'est pas exclusive et la défense a toute latitude pour présenter des facteurs atténuants[23]. À ce stade, les personnes reconnues coupables pour un crime passible de la peine de mort ont un droit constitutionnel de présenter toute sorte de preuve qui pourrait conduire à la perpétuité réelle, plutôt qu'à la peine de mort. Cela a été établi avec *Lockett v. Ohio* (1978), où la Cour Suprême des Etats-Unis a déterminé que la défense a le droit de présenter tous les facteurs atténuants, susceptibles d'épargner la peine de mort à l'accusé[24]. Cela pourrait inclure des informations relatives au caractère du défendeur et aux circonstances du crime commis, mais aussi des preuves de maladie mentale, des informations liées à son histoire personnelle, des arguments en faveur de sa capacité à être réhabilité, ainsi que des preuves suggérant que le défendeur ne présente pas un danger futur pour la société[25].

Dans *Tennard v. Dretke* (2004), la Cour suprême a déclaré que toute déficience cognitive ou neuropsychologique pourrait être considérée comme une circonstance atténuante, même si la déficience en question n'est pas en lien direct avec le comportement criminel manifesté[26].

Dans ce contexte, les preuves neuroscientifiques pourraient jouer un rôle important si elles étaient introduites dans la procédure en tant que (complément de) facteurs atténuants de la sanction.

---

[22] Gary B., Melton, J., Petrila, N.G Poythress and C. Slobogin, Psychological Evaluations for the Courts: A Handbook for Mental Health Professionals and Lawyers, New York, The Guilford Press. 2007, p. 288.

[23] Randall R. Coyne, Lynn L. Entzeroth, (1994). Capital punishment and the judicial process, Durham, NC, Carolina Academic Press, 1994, p.404

[24] Lockett v. Ohio, 438 U.S. 586 (1978)

[25] Gary B. Melton et al. Psychological evaluations for the courts: A handbook for mental health professionals and lawyers. Guilford Press, 2007. Op.cit, p. 288

[26] Tennard v. Dretke, 542 U.S. 274 (2004).

2.2. Les neurosciences en tant que facteurs atténuants dans les procès capitaux

2.2.1. Présentation des cas

Des preuves neuroscientifiques sont souvent introduites dans la phase de la détermination de la peine et surtout dans les cas où l'accusé risque la peine capitale.

En 2004, les résultats d'une IRM et d'une PET scan ont réussi à provoquer l'infirmation deux décisions de peine de mort prononcées contre Simon Pirela (aka Simon Morales). En 1983, Pirela a été reconnu coupable de deux meurtres au premier degré dans des procès séparés et a reçu la peine capitale dans les deux cas *(Commonwealth v. Morales, Commonwealth v Pirela*). En faisant appel de sa première condamnation, ses avocats ont invoqué comme circonstances atténuantes l'existence de lésions cérébrales et une déficience mentale générale chez l'accusé, attestées par une IRM et une PET scan. Le jury a infirmé la décision de peine de mort et a imposé la prison à vie à Pirela[27]. En appel de la deuxième condamnation à mort, les avocats de l'accusé ont utilisé les mêmes techniques neuroscientifiques ainsi que des tests neuropsychologiques comme preuves de l'existence d'un retard mental chez l'accusé et ont invoqué l'inconstitutionnalité de la peine de mort prononcée contre lui, à la lumière de la décision *Atkins v. Virginia* de la Cour Suprême, qui interdisait la peine capitale pour les personnes souffrant d'un handicap mental ou intellectuel[28]. La condamnation à mort a été annulée et remplacée par une peine de prison à perpétuité[29]. Le juge a noté que le témoignage des experts en neuroimagerie, ainsi que le témoignage des neuropsychologues, « étaient tout à fait convaincants »[30].

De même, dans *McNamara v. Borg*[31], des preuves issues d'un PET scan démontrant une hypoactivité dans le cortex préfrontal de l'accusé ont été présentées pour démontrer que l'accusé souffrait de schizophrénie et devait par conséquent être épargné de la peine de

---

[27] 549 Pa. 400, 701 A.2d 516 (1997)

[28] 536 U.S 304 (2002). La Cour estima que l'exécution des handicapés mentaux est inconstitutionnelle, car contraire au 8ème amendement interdisant « tout châtiment cruel et inhabituel »

[29] Jan. Term, 1983, No. 2143 (Phila C.P. Apr. 30, 2004).

[30] J. Edersheim et al, 2012, Op.cit., *supra*, n.4

[31] McNamara v. Borg, No. 89-55758, 1991 WL 7134 (9th Cir. 1991).

mort pour le crime du meurtre au premier degré de quatre membres de sa famille. Le jury a été convaincu et a condamné Mac Namara à la prison à vie. Lors des diverses entrevues qui ont eu lieu après le procès, certains jurés ont déclaré avoir été fortement influencés par les preuves issues de la neuro-imagerie dans leur décision d'accorder la clémence et d'épargner la peine de mort à l'accusé[32].

Dans *Cooper v. State*[33], le prévenu a été reconnu coupable et condamné à mort pour le meurtre au premier degré d'un prêteur sur gages au cours d'un vol. Cooper a fait appel, alléguant que sa peine était disproportionnée et que le tribunal de la sanction n'avait pas tenu compte des circonstances atténuantes présentées lors de la phase de la détermination de sa peine, relatives à son état psychique et neurologique. La défense avait appelé deux experts psychiatres, dont le premier avait témoigné que l'accusé souffrait d'une démence due à une lésion traumatique cérébrale subie quand il était jeune et qu'il avait été battu de manière récurrente par son père pendant son enfance. Cet expert avait affirmé que les traumatismes crâniens répétés que l'accusé avait subis induisaient des crises d'épilepsie récurrentes et avaient provoqué des anomalies dans son lobe frontal, expliquant l'existence de perturbations cognitives, d'une altération de son jugement, ainsi que des troubles du contrôle de ses pulsions. En désaccord avec ce diagnostic, le deuxième expert de la défense a établi un diagnostic d'arriération mentale borderline, en considérant possible une schizophrénie paranoïde.

L'expert de l'état a contesté l'existence d'une maladie mentale grave ou d'une démence due à un traumatisme crânien, en signalant qu'un CT scan et un EEG effectués sur le défendeur n'avaient indiqué aucune lésion cérébrale et que, par conséquent, il n'existait « aucune preuve objective de l'existence d'une maladie mentale grave »[34].

Cependant, la cour d'appel a annulé la condamnation à mort de l'accusé et l'a condamné à la prison à vie sans possibilité de libération conditionnelle avant 25 ans. Pour parvenir à cette conclusion, la Cour Suprême de Floride a jugé que les circonstances atténuantes constatées par la juge de première instance (la maltraitance pendant

---

[32] Robert H. Blank, Intervention in the Brain: Politics, Policy, and Ethics, Cambridge, MIT Press, 2013, p.151

[33] Cooper v. State 739 So.2d 82 (Fla, 1999).

[34] Cooper v. State 739 So.2d 82, 87 (Fla, 1999).

l'enfance, la preuve des lésions cérébrales, l'arriération mentale, la maladie mentale («schizophrénie paranoïde»), sa jeunesse, ainsi que l'absence de casier judiciaire) rendaient la peine de mort disproportionnée par rapport à d'autres cas où la peine de mort avait été prononcée par le même tribunal. Il est intéressant de noter que dans ce cas, ce n'était pas la défense, mais l'accusation qui a invoqué des preuves issues des techniques neuroscientifiques pour contredire les allégations de la défense.

A l'encontre des cas résumés, les preuves neuroscientifiques ne réussissent cependant pas toujours à convaincre les jurés de ne pas prononcer la peine capitale.

Dans *Ex Parte Simpson*[35], l'accusé, reconnu coupable de vol aggravé et du meurtre au premier degré d'un homme de 84 ans a été condamné à mort. En appel, ses avocats ont introduit les résultats d'une IRM et d'un EEG, pour appuyer l'argument selon lequel Simpson avait un fonctionnement intellectuel limite (QI entre 71 et 78) et qu'il souffrait d'un trouble de personnalité antisociale. L'expert neurologue de la défense a témoigné que l'EEG avait révélé *« un état neurologique anormal et un ralentissement généralisé non spécifique »*, ce qui pourrait être le signe d'un retard mental. Selon le deuxième expert-psychologue de la défense, deux hématomes sous-duraux visibles sur l'IRM avaient causé des dommages cérébraux chez l'accusé, entrainant un manque de jugement et une incapacité à envisager les conséquences de ses actes, à planifier ses actes et maîtriser ses émotions. Malgré ces témoignages et les preuves issues de la neuroimagerie présentées, les jurés ont conclu que la possibilité de l'existence d'un retard mental chez l'accusé n'avait pas été suffisamment prouvée. Les techniques de neuroimagerie ont été acceptées comme preuves, mais jugées peu convaincantes et la peine de mort de Simpson a été confirmée en appel.

De même dans le cas *People v. Holt*[36], condamné à mort pour meurtre au premier degré, brigandage, viol et sodomie, la défense a présenté au tribunal des preuves neuroscientifiques issues d'un PET scan et d'un EEG, afin d'épargner à son client la peine de mort.

---

[35] Ex parte Simpson 136 S.W.3d 660 (Tex. Crim. App. 2004).

[36] People v. Holt, 15 Cal.4th 619, 63 Cal.Rptr.2d 782, 937 P.2d 213 (Cal.1997)

Le premier expert de la défense, un professeur de psychiatrie, spécialiste de la neuroimagerie, a témoigné que le PET scan révélait une activité métabolique réduite dans les lobes temporaux et en partie dans le lobe frontal de l'accusé. L'expert a également détecté « des dommages dans le système émotionnel » au niveau du gyrus cingulaire[37], ce qui était compatible avec les « aberrations sexuelles » manifestées par l'accusé. L'anormalité de son lobe frontal était associée à ses troubles des fonctions exécutives et expliquait son impulsivité, sa difficulté de planifier et son manque de jugement.

Un deuxième expert-neurologue a témoigné que Holt présentait des symptômes permanents d'une épilepsie temporale, confirmée par les résultats de l'EEG. En outre, un trouble de relaxation des muscles sur le côté gauche du corps de l'accusé suggérait l'existence d'une anomalie dans le fonctionnement de l'hémisphère droit du cerveau.

Un troisième expert a conclu que Holt souffrait d'un trouble mental organique entraînant des lésions tissulaires cérébrales et a établi un diagnostic de trouble organique de personnalité et de crises partielles résultant d'une hypoxie survenue durant l'accouchement[38].

Malgré les nombreux éléments de preuves présentés en faveur de l'accusé, ce dernier a été condamné à mort, peine qui a été confirmée en appel.

Dans *People v. Kraft*[39], les avocats de l'accusé, reconnu coupable pour l'homicide de 16 hommes, ont invoqué l'existence d'un trouble obsessionnel-compulsif chez l'accusé comme facteur atténuant, susceptible de lui épargner la peine de mort. Lors de l'audience pour la détermination de la peine, l'expert de la défense, un professeur de psychiatrie, a présenté les résultats d'un PET scan effectué sur le cerveau du défendeur. Les résultats ont révélé des anomalies qui, selon l'expert, pourraient résulter d'une blessure cérébrale ou d'un problème vasculaire. Ces résultats étaient compatibles avec un traumatisme crânien antérieur, confirmé par les membres de la famille du défendeur. L'expert a également confirmé que des résultats similaires étaient associés au trouble obsessionnel-compulsif invoqué par

[37] People v. Holt, 15 Cal.4th 619, 647 (Cal. 1997).
[38] People v. Holt, 15 Cal.4th 619, 648 (Cal. 1997).
[39] People v. Kraft, 23 Cal.4th 978 (2000).

la défense, mais le jury n'a pas été convaincu et a condamné Kraft à mort.

2.2.2. Quelques remarques

Ce bref aperçu des cas indique qu'en règle générale, dans les cas de peine de mort, les preuves issues des neurosciences sont admises par les tribunaux. Cela n'est pas surprenant, étant donné que les règles de preuve appliquées lors des audiences pour la détermination de la peine capitale sont plus souples et que les accusés disposent d'une grande latitude pour démontrer l'existence de « circonstances atténuantes ». L'introduction et l'admission de PET scans en particulier, dans la phase de la détermination de la peine, est devenue une routine concernant les cas capitaux dans plusieurs Etats[40].

Cependant, bien que les résultats issus des techniques neuroscientifiques soient presque toujours admis en preuves des circonstances atténuantes, ils n'arrivent pas toujours à convaincre les jurés, qui se prononcent, dans la majorité de cas, pour la peine capitale. Selon une enquête du professeur Snead, sur quelques 61 cas de discussion de la peine de mort dans lesquels la défense a utilisé la neuroimagerie, la peine capitale a été confirmée dans 45 cas (73,7%), et évacuée dans deux cas (3,3%). Dix cas (16,4%) ont été renvoyés pour un nouveau procès (avec une référence à la neuroimagerie) et quatre cas (6,5%) ont été renvoyés pour d'autres motifs[41].

Mais l'utilisation de données neuroscientifiques dans les procès de peine capitale peut s'avérer « à double tranchant » pour les personnes expertisées, comme le soulignent plusieurs commentateurs[42] : même si les recherches et techniques neuroscientifiques introduites au procès pénal à travers l'expertise psychiatrique constituent généralement une circonstance atténuante, ces mêmes données pourront être interprétées par les jurés-magistrats comme signes de dangerosité et conduire à des sanctions plus sévères, fondées sur l'hypothèse d'une dangerosité élevée et d'une forte

---

[40] Susan E. Rushing, "The Admissibility of Brain Scans in Criminal Trials: The Case of Positron Emission Tomography", Court Review, 2014, vol. 50, pp. 62-94

[41] O. Carter Snead, "Neuroimaging and the 'Complexity' of Capital Punishment", New York University Law Review, 2007, vol. 82, no. 5, pp. 1265–1339.

[42] Abram S. Barth, "Double-Edged Sword: The Role of Neuroimaging in Federal Capital Sentencing", American Journal of Law and Medicine, 2007, vol, 33, pp. 501-522; Nita A. Farahany et William Bernet, "Behavioural Genetics in Criminal Cases: Past, Present and Future", Genomics, Society & Policy, 2006, vol.2, no.1, pp. 72-79

probabilité de récidive des sujets présentant des dysfonctionnements cérébraux[43].

Ces preuves pourraient ainsi être interprétées de façon négative, d'autant plus que les tribunaux états-uniens ont déjà considéré dans le passé la prédisposition génétique comme facteur aggravant.

La décision *Landrigan v. Stewart*[44], rendue en 2001 par la Cour d'Appel du neuvième circuit donne un exemple frappant de la façon dont l'utilisation des preuves (neuro) biologiques pourrait être interprétée de façon négative pour l'accusé. Jeffrey Landrigan, condamné à mort pour meurtre en 1990, avait déposé une requête en habeas corpus[45] au motif que l'avocat de la défense avait été inefficace d'un point de vue constitutionnel car il n'avait pas recherché ni présenté de circonstances atténuantes. Landrigan a affirmé que ses avocats auraient dû présenter des preuves démontrant qu'il avait agi sous l'effet d'une impulsion biologique difficile à contrôler, et que c'était « *sa construction biologique qui était responsable pour ce qu'il était* » [46].

La Cour n'a pas été convaincue : « *très probablement, le tribunal de sanction ne se serait pas laissé influencer par l'argument selon lequel Landrigan serait devenu un tueur..., en raison du fait qu'il était génétiquement programmé pour être violent et qu'il provient d'une famille de personnes violentes et d'assassins*[47]..... *Ce genre de preuve aurait pu susciter la compassion,... mais il aurait pu aussi démontrer l'existence du potentiel d'une future dangerosité élevée....Même si ce genre de preuve, s'il avait été présenté, aurait pu être considéré comme un facteur atténuant, il aurait montré en même temps que Landrigan continuait à être une personne violente ....* [48]».

Malgré la liberté dont disposent les avocats de la défense de présenter un large éventail de facteurs atténuants dans le cadre d'une

---

[43] G.-M. Gkotsi, V. Moulin, J. Gasser, « Les neurosciences au Tribunal : de la responsabilité à la dangerosité, enjeux éthiques soulevés par la nouvelle loi française », Encéphale, 2014, DOI : 10.1016/j.encep.2014.08.014

[44] Landrigan v. Stewart, 1221 (9th Cir. 2001)

[45] Procédure permettant la comparution immédiate d'un détenu devant une autorité judiciaire, afin de contester la légalité de la détention, et de permettre ainsi une éventuelle remise en liberté

[46] Landrigan, 272 F.3d at 1228

[47] Landrigan, 272 F.3d at 1228-1229

[48] Landrigan, 272 F.3d at 1229

affaire de peine de mort, ils devraient, avant de les introduire, examiner attentivement si la présentation de preuves de déficiences au niveau neurobiologique pourrait bénéficier ou nuire à l'accusé, d'autant plus que les options thérapeutiques disponibles sont, à ce stade, très limitées[49].

Conclusion

En général, à l'heure actuelle, la recevabilité des preuves neuroscientifiques dans les tribunaux Etats-Uniens reste- assez floue et dépend fortement du contexte de chaque cas.

Bien qu'il existe peu de cas rapportés dans le cadre desquels les accusés ont été jugés non coupables et acquittés sur la base des preuves neuroscientifiques, les avocats de défense ont connu plus de succès en introduisant ces preuves dans la phase de la détermination de la sanction, afin de réduire la peine infligée ou d'éviter une condamnation à mort.

Il n'y a pas encore de cas rapportés où la neuroimagerie a été utilisée par l'accusation, dans le but de démontrer la dangerosité d'une personne ou déterminer son aptitude à recevoir une libération conditionnelle. Cependant, étant donné le contexte sociopolitique actuel de plus en plus sécuritaire, l'évaluation de la future dangerosité d'un prévenu constitue un domaine émergent dans lequel la neuroscience pourrait jouer un rôle important. Il se pourrait donc qu'à l'avenir, non seulement la défense, mais aussi les procureurs, présentent des preuves neuroscientifiques, en tant que facteurs aggravants, dans la phase de détermination de la peine de la procédure pénale, dans le but de démontrer la dangerosité future du sujet, d'infliger une peine plus sévère ou même de refuser la libération conditionnelle.

De manière générale, l'utilisation des neurosciences dans les expertises psychiatriques pénales est analysée dans la presse et une partie de la littérature actuelle comme un moyen au bénéfice de l'accusé, lui permettant d'échapper à une peine, ou de la réduire et de bénéficier de soins. Cependant, dans le contexte actuel de préoccupation sécuritaire et au regard des évolutions législatives et des pratiques expertales actuelles qui montrent une évolution vers l'évaluation de la dangerosité, ces données neuroscientifiques pour

[49] N. Farahany and J. Coleman, 2006, op.cit., *supra* n. 42

raient être interprétées comme signes de dangerosité, dans une visée de protection de la sécurité publique, au détriment de la liberté du sujet.

Procédure pénale
et nouvelles technologies

Les nouvelles technologies à l'appui de la preuve dans un procès pénal

Philomène NASR
Professeur à l'Université Libanaise
Doyen honoraire de la Faculté de droit

C'est un honneur et une joie pour une juriste libanaise de se trouver en présence d'aussi éminents juristes pénalistes francophones et dans un pays qu'elle a la chance de découvrir pour la première fois.

Comment ne pas ressentir comme un signe d'amitié le choix du Liban comme pays de référence et de comparaison dans un sujet aussi important que "l'utilisation des nouvelles preuves "? Au nom de mon pays, je remercie tous ceux qui continuent à rappeler que le Liban est toujours présent sur la scène de la culture juridique. En effet, les juristes libanais, après tant d'années de souffrances partagées par leurs frères, ont trouvé le temps, le goût et le désir de faire progresser l'Etat de droit, l'ordre public et les libertés individuelles.

Le code de procédure pénale en application depuis des dizaines d'années et jusqu'en 2001 est maintenant abrogé et remplacé par un nouveau depuis le 11 Août 2001 ; ce qui peut laisser croire qu'il répond aux différents et difficiles problèmes. Ce n'est malheureusement pas le cas ! C'est sûrement faire trop d'honneur à ce code ; à part quelques nouveautés notoires, ce n'est souvent qu'une réécriture de textes anciens, une confirmation légale de solutions déjà admises en jurisprudence et une mise en exergue de principes généraux de droit pénal reconnus par le bloc constitutionnel, par des lois particulières et par la doctrine ; un code est, qu'on le veuille ou non, le reflet des valeurs fondamentales de la société.

Nul pays au monde, aussi organisé et policé soit-il, n'est totalement à l'abri du terrorisme surtout quand celui-ci est l'œuvre d'illuminés suicidaires qui ne donnent pas plus cher de leur propre vie que celle de leurs victimes.

Il est des pays cependant que tout désigne implacablement aux coups du terrorisme. Le Liban en est l'exemple depuis un certain temps. Pourquoi commencer par les crimes les plus graves en parlant des "nouvelles preuves "dans un procès pénal ? La réponse est simple ; la gravité de certains crimes va expliquer, sinon excuser, certaines dérives au système classique des preuves !

Le 11 septembre 2001, le monde a basculé dans une forme de violence d'une gravité inqualifiable ; en quelques minutes, l'Humanité fut plongée dans un nouveau désordre mondial ; tout ceci suscitait des changements à tous les niveaux. En effet, la criminalité organisée et le terrorisme sont en principe, les formes les plus complexes du comportement criminel. Il s'agit d'une organisation bien structurée, hiérarchisée et disciplinée, qui comprend des criminels compétents et dispose de capacités énormes de fonctionnement et d'adaptation.

En plus, le terrorisme a progressivement pris un caractère international et les technologies modernes lui ont donné une dimension nouvelle et redoutable. Ces technologies ont permis la commission d'infractions difficiles à découvrir mais heureusement, cette même technologie va permettre d'en dévoiler d'autres aussi graves. Donc pour l'Etat et pour le criminel, la technologie est une arme à double tranchant !

En effet, il est de la responsabilité de chaque Etat de trouver une réponse aux crimes surtout ceux d'une particulière gravité par une juste application de ce qui légal tout en élargissant son pouvoir de détection, tout en s'intéressant aux causes sous-jacentes du terrorisme et aux mesures de prévention. Ainsi, la lutte anti-terroriste fait apparaitre deux adversaires : l'Etat et l'Organisation terroriste ; autrement dit, la violence légitime contre la violence gratuite ; laquelle mérite d'être mieux protégée ?

Pour revenir au Liban, il a connu toutes sortes de terrorisme : prises d'otages, violences, enlèvements, assassinats, voitures piégées et tout dernièrement, le recours à des kamikazes ! Aucun moyen ne constitue une "surprise" pour les libanais. Alimenté en direct par la guerre civile en Syrie, le cycle de violence n'épargne aucune région du Liban. Donc, le Liban est désormais tenu de se soucier en priorité de sa simple survie !

Cependant, l'irruption des armes sur la scène politique a paralysé les institutions étatiques. C'était l'une des raisons principales d'avoir fait appel à la juridiction internationale dans l'affaire "Hariri".

Comme après chaque attentat, les appels à la justice se multiplient ; mais ceci demande que l'on dote les autorités judiciaires de pouvoirs exceptionnels ! Donc le Liban, à, non seulement "le droit" mais aussi et surtout "le devoir" de protéger la population de la menace terroriste ; ceci exige de prime abord le développement de mécanismes juridiques nationaux destinés à encadrer les actions menées par L'Etat.

Quoi faire et comment faire pour prévenir un crime et, surtout, pour découvrir le criminel ? Est-ce que le moyen légal ou la preuve légale signifie uniquement celui ou celle reconnue explicitement par la loi ?

Il faudrait savoir, vu l'ampleur du phénomène criminel, aggravé par la facilité des communications a travers les frontières et le professionnalisme de la majorité des criminels, s'il est toujours opportun de s'attacher de très près aux droits fondamentaux de l'inculpé, ce qui entrave la justice par le blocage de certaines mesures considérées par certains comme portant atteinte aux droits de la défense et à la présomption d'innocence ; ou bien , la priorité doit être reconnue à la stabilité, au renforcement de la sécurité de la société et à toute mesure qui faciliterait l'accès a la vérité.

Le Liban a connu ces dernières années des crimes d'une particulière gravité et il était convenu que tout avait été exécuté et planifié par des professionnels que l'utilisation des moyens de preuves classiques n'aurait jamais permis de dévoiler. Ce n'est que grâce a ce que l'on appelle "La Data des communications ", qui signifie la "trace " des communications, que l'enquête a pu progresser. En effet, ceci permet de regarder vers le passé et de savoir qui a contacté qui, sans confondre cela avec les écoutes téléphoniques : mettre sur écoute c'est œuvrer pour l'avenir ; la data, c'est regarder vers le passé ! Ceci a permis la découverte des assassins de Hariri, (l'expert qui avait permis cela a été assassiné lui aussi) et les données continuent d'être utilisées par le Service des renseignements, combattu lui aussi par un certain parti politique !

La Data a un statut qui exige que la demande soit présentée par le service de renseignement (SDR) relevant des forces de sécurité intérieure (FSI) qui intègre une commission formée en majorité de magistrats qui étudient la demande et surtout l'urgence à intervenir et ordonne au Ministère des Communications de remettre à ce service les données demandées, à condition que cela soit limité dans le temps ; c'est là que la politique s'en mêle ! Inutile de dire que le Ministre et le Chef du service en question n'avaient pas les mêmes penchants politiques ! Depuis, le nouveau gouvernement, les choses ont un peu changé ; c'est vous dire à quel point, la politique se mêle de la justice ! Et comme il s'agit souvent de crime à caractère politique, cette autorisation est, soit bloquée, soit retardée, et pour cause !

Donc, indiscutablement, ce mode de preuve permet de préparer le dossier et d'aider le juge d'instruction dans son enquête ; mais reste à savoir si ces renseignements sont considérés comme une "preuve suffisante "par les tribunaux !

Devant le tribunal spécial libanais (TSL), elles joueront beaucoup dans la conviction des juges mais par précaution, elles seront consolidées par d'autres preuves tels que les témoignages, les empreintes, les enregistrements de menaces, la suppression des preuves après coup ; autrement dit, le "nettoyage" de la scène du crime ou la liquidation de certains témoins.

Depuis longtemps déjà, l'inconvénient de se baser uniquement sur des preuves légales fut comblée par l'adoption de" l'intime conviction du juge pénal "; ajoutons à cela la liberté des preuves puisque le but principal serait la vérité. Tout ce qu'on exige c'est que l'indice ou la preuve recueillie soit légitime.

Pour revenir aux textes libanais, le fait d'avoir utilisé l'expression vague : "par toute preuve légale " signifie une certaine liberté d'action reconnue aux autorités judiciaires dans le respect des droits de l'Homme ; autrement dit, écarter toute infraction dans la recherche de la preuve...

Pour rester sur les infractions les plus graves, nous relevons des difficultés, si ce n'est une impossibilité de trouver des preuves classiques (aveu, témoignage, expertise etc.).

Les services de l'Etat sont appelés a œuvrer pour la recherche de la preuve en faisant appel aux nouvelles technologies. Le progrès technologique a servi aux terroristes, ne doit-il pas servir au rétablissement de la justice et à la sécurité des citoyens ?

Avant de détailler les nouvelles preuves, faisons un rappel de l'état des lieux !

Au Liban et pour rester dans le pénal, les tribunaux répressifs d'exception sont à leur apogée ; le tribunal militaire dispose d'une compétence particulièrement large, à savoir tout ce qui touche à la sécurité de l'Etat, à la trahison, à l'espionnage, aux attentats à l'explosif etc., donc les 3/4 des infractions sur ces 20 dernières années au Liban. L'on trouve, la Cour de Sureté de l'Etat, quand une infraction est considérée par le conseil des ministres comme menaçant la sécurité ou la sureté de l'Etat, sans oublier le tribunal de presse et le tribunal pour mineurs !

Les deux tribunaux qui intéressent le plus notre sujet, sont ceux concernés par les actes les plus graves, soit le tribunal militaire et la Cour de Sureté de l'Etat ; rappelons aussi qu'il est impossible de donner en référence les jugements militaires pour la simple raison qu'ils ne sont pas motivés ; cela ne signifie pas pour autant que le tribunal ne se base pas sur des preuves et que ces preuves ne sont pas soumises à discussion. Mais elles ne figurent pas dans le jugement publié ! Pour cette raison, je me suis retournée vers le tribunal de première instance qui traite des délits ; il semble que les nouvelles preuves sont prises en considération pour condamner, sans attendre l'intervention du législateur qui tarde à arriver ! Surtout que les termes assez vagues utilisés permettent d'étendre l'incrimination à certains nouveaux comportements ; à titre d'exemple : l'outrage, les menaces, les injures etc. exigent qu'ils soient rendus publics pour être incriminés. Or ceux formulés par mail ou sms le sont !

D'un autre coté, la Cour de Sureté de l'Etat, appelée a juger les infractions contre la sureté de l'Etat rendait jusqu'en 2005 des décisions non susceptibles de recours ; mais depuis le 31 novembre 2005, une possibilité de pourvoi en révision a été reconnue.

Quel que soit le tribunal compétent, une enquête préalable (terminologie libanaise) est engagée par la police judiciaire, soit à la demande du parquet, soit d'office, et une enquête préliminaire par le juge d'instruction, une fois l'action publique engagée.

Les deux font appel aux nouvelles technologies ; ce qui est sur, c'est que les nouvelles preuves sont devenues "monnaie courante" depuis quelques années au Liban, surtout par le service des renseignements rattaché au ministère de la défense et qui crée la polémique autour de sa légitimité vu le succès qu'il a eu dans la découverte des crimes les plus compliqués ! Ces succès qui expliquent l'assassinat de son chef en 2012 et de l'un de ses meilleurs chercheurs en 2006 après avoir permis la découverte de preuves accablant certains membres du Hezbollah ! C'est grâce a ces services de sécurité que l'on a réussit à mettre devant l'opinion publique des noms et des visages. En effet, la preuve au pénal est devenue "une preuve technique ".

Même en l'absence de loi expresse, trouver des preuves qui permettraient de confondre les grands criminels, est devenu le souci majeur des hommes de loi ; les services de renseignement et la police judiciaire, s'en servent dans leur enquête préalable ; le juge d'instruction dans son enquête préliminaire et se base là-dessus dans son acte d'accusation. Reste à savoir dans quelle mesure, les tribunaux prennent en compte de telles preuves dans leurs jugements !

Il est incontestable que dans les grandes affaires criminelles, les preuves classiques n'existent plus ; les témoins sont, soit menacés, soit simplement éliminés ; l'aveu est inexistant, la plupart des criminels sont en fuite ou se sont fait exploser avec les victimes !!! Surtout que tout se prépare grâce aux nouvelles technologies, en particulier, par les communications téléphoniques ou l'internet ! Ces mêmes outils "criminels " seront les outils de la vérité, de la justice ! Les textes libanais les ont-ils prévus ? Peu importe, du moment qu'on y arrive par une voie légale et que la fin devrait dans certaines situations et certaines "régions "justifier les moyens.

Comment la technologie va s'accorder avec la recherche d'une preuve ? Est-ce une preuve irréfragable ? Deux positions opposées se présentent : celle de la victime qui a un désir et un besoin de connaitre la vérité et celle du criminel qui rêve d'y échapper ! Pour la première, les nouvelles techniques ne peuvent se tromper ; leurs preuves sont indiscutables, pour la seconde, il y a urgence à prendre de la distance par rapport a ces conclusions et imposer le doute !

La preuve technologique est-elle une probabilité ou une certitude ? Il s'agit d'une certitude dans ce qu'elle prouve mais reste une probabilité quant à l'implication de la personne dans le crime et le rôle qu'elle y a joué.

Quelles sont ces nouvelles preuves le plus en "vogue "au Liban actuellement ? L'on parle surtout de la "data des communications "; il s'agit du trafic ou schéma de toutes les communications téléphoniques ou par internet (un projet de loi dans ce sens attend toujours sa promulgation) ; IP, soit les titres numériques ; le " log files " ou registres des programmes informatiques ; le G.P.S, ou le fait de déterminer l'emplacement géographique.

Ainsi, la justice s'adapte aux évolutions de la criminalité tout en rappelant que la présomption d'innocence exige des preuves indiscutables ; les preuves technologiques sont plus fiables que les témoignages, souvent faux, les aveux des fois inexacts etc.

"Empreintes génétiques" : un peu d'histoire ! Dans les années 1980, le Professeur Alec Jeffreys fait une découverte extraordinaire qui s'apparente à celle effectuée par Alphonse Bertillon à la fin du XIXème siècle ; il découvre que chaque être humain possède un profil génétique spécifique lié a l'acide désoxyribose chique, dit AND, même dégradé, permet d'identifier avec quasi-certitude, un individu. Le Royaume-Uni a très vite utilisé cette nouvelle technique dans le domaine judiciaire (fin des années 1980).

Comme a son habitude, le législateur libanais tarde à connaitre une législation spécifique, mais les tribunaux se basent sur les dispositions générales du Code de Procédure Pénale dans leur utilisation de ces preuves, à l'exception du "détecteur de mensonge "qui ôte toute liberté a l'inculpé et dont la fiabilité reste faible.

Le plus intéressant dans la preuve scientifique, c'est qu'elle est à la fois utile dans la déclaration de culpabilité que dans l'affirmation de l'innocence ! En effet, nombreux sont les exemples de tests AND qui ont innocenté des condamnés, en raison d'autres preuves classiques tels que des témoignages et même des aveux.

Rappelons que le projet "innocence", créé en 1992 à New-York, a réussi à libérer 216 détenus dont 16 condamnés à mort, en recourant aux tests ADN.

Ceci montre toute l'utilité des progrès scientifiques qui permettent "d'affiner" les éléments de preuves. Personne ne devrait songer à contredire les apports de la preuve scientifique ; mais "le danger serait plutôt de la considérer comme pouvant à elle seule résoudre une affaire, autrement dit, à la considérer comme "la reine des preuves", qualificatif bien connu de l'aveu. Il importe d'exiger la prudence, voire le doute dans son utilisation "[1].

Pour Claude Lombois : "Le doute est le terrain à partir duquel la justice doit se construire pour être la plus équitable possible"[2].

Ainsi le juge pénal prononce une condamnation dès lors que, après examen des preuves et eu égard à son" intime conviction ", il est convaincu de la culpabilité ; les informations recueillies doivent être techniquement appréciées avec beaucoup de circonspection.

Les indices scientifiques sont des éléments d'information reliés à d'autres informations, qu'elles soient ou non traditionnelles. Il faut légitimer l'indice, c'est à dire le transformer en preuve par un effort de persuasion. Ici, le rôle de l'enquêteur d'abord, du juge ensuite, est particulièrement important.

"La preuve unique "ne doit jamais être exclusive, peu importe qu'elle ait été obtenue par des méthodes scientifiques extrêmement sophistiquées. L'utilisation des nouvelles technologies a pour but affiché de réprimer les criminels, accélérer les enquêtes, les rendre plus fiables ; on peut même s'en servir, pour éliminer tout risque de délinquance.

Le terrorisme justifie l'utilisation de techniques prédictives, la mise en place de systèmes de surveillance, le fichage, le stockage, toujours plus perfectionné, d'informations éminemment personnelles, et, comme disait "René Savatier" en 1959 : "La Science doit rester au service de l'Homme"[3].

Ainsi, le champ des dérogations en matière d'enquête de flagrance se trouvent "étendues" à toute enquête. Ces perquisitions donnent lieu à des saisies qui portent sur tous objets ou documents en la possession des personnes paraissant avoir participé à l'infraction ou relatifs aux faits délictueux. Et depuis plusieurs années déjà,

---

[1] Bernadette Aubert, Nouvelles technologies et recherche de la preuve pénale, Actes du colloque "Technique et Droits humains " organisé à Limoges par l'Association RERDH (Réseau européen de recherche en droits de l'Homme), Montchrétien, 2011.

[2] Etudes offertes a Claude Lombois : Apprendre a douter – Questions de droit, questions sur le droit, Pulim 2004.

[3] Cité par Bernadette Aubert, *op.cit.* p. 81.

et surtout en cas d'intelligence avec l'ennemi et trahison, les éléments susceptibles de servir de preuves, peuvent être des documents immatériels provenant d'ordinateurs ; il peut aussi s'agir de traces corporelles diverses permettant de déterminer de quels individus elles proviennent.

Suite à l'horrible attentat du 14 février 2005, le Liban a pris plus conscience des risques que présentent les activités des terroristes. Même en l'absence de modifications des textes, la pratique et la jurisprudence ont changé afin de répondre à " l'urgence d'agir ", en prévoyant des dispositions particulières.

En effet, il faut reconnaitre que cette criminalité, particulièrement difficile à appréhender, ne peut être combattue, ni freinée, qu'avec la mise en œuvre de nouveaux moyens. La justice ne peut plus accepter que l'attachement aux principes classiques encadrant les droits de la défense soit un obstacle à la recherche des preuves par respect des victimes.

En effet, nombreuses sont les nouvelles preuves auxquelles fait appel la police judiciaire et qui ont, jusqu'à maintenant, fait preuve d'une grande efficacité à tel point que, sans elles, on n'aurait jamais pu découvrir la vérité sur les plus grands crimes "libanais " ! Tel est le cas pour la saisie des données informatiques. Celles-ci correspondent en effet aux saisies et perquisitions en matière d'enquête préalable et préliminaire réglementées par le code de Procédure pénale de 2001 ; reste à savoir si elles sont considérées comme "preuves suffisantes " à elles seules ! Tel est encore le cas pour les saisie des "supports de stockage informatique ", surtout que le "Cyberespace "est un espace idéal pour la commission d'infraction. Tel est enfin le cas quand un fonctionnaire de police participe à des opérations d'infiltration : il peut faire usage d'une identité d'emprunt et être entendu comme témoin (Affaire Samaha-Mamlouk ; Plan de perturbation de la sécurité du pays par la commission de plusieurs explosions)[4]. En France, la loi a pris soin d'indiquer qu'aucune condamnation ne peut être prononcée sur le seul fondement de telles déclarations. Elles restent cependant très utiles pour déclencher la poursuite et consolider la conviction du juge pénal.

---

[4] L'Orient – Le Jour : "Samaha et le chef de la sécurité syrienne accusés d'avoir planifié des assassinats au Liban, 12 Aout 2012

Fort heureusement, les services de police libanais se sont dotés de techniciens spécialisés en informatique. En outre, la Police Nationale dispose d'un" Office Central de lutte contre la criminalité liée aux technologies de l'information et de la communication ? ".

Concernant le témoin gardant l'anonymat ou témoin anonyme, au cours du procès "Hariri", il a été admis par le statut du tribunal spécial libanais (TSL), que les témoins pouvaient garder l'anonymat par peur des représailles d'intimidation ou des pressions ; et ce témoignage pourra servir comme une des preuves. Ainsi, l'identité du témoin va être occultée mais, la personne mise en examen ou renvoyée devant la juridiction de jugement, peut demander à être confrontée au témoin par l'intermédiaire d'un dispositif technique permettant l'audition à distance et comportant un brouillage de la voix et de l'image ; mais il faudra d'autres éléments de preuve venant corroborer les dires du "témoin anonyme " Sa déclaration peut compléter une preuve mais ne peut être la preuve[5].

L'infiltration, la surveillance, le recours à des informateurs sont des méthodes souvent utilisées par la police judiciaire au Liban dans le domaine de la criminalité organisée, de même que les interceptions des correspondances par la voie des télécommunications à la demande du magistrat instructeur.

Même si le droit, surtout pénal, s'arroge un temps souvent long pour être convaincu de l'utilité d'un appel à la science et de l'adoption de ses preuves, la Police Judiciaire s'est arrogé le droit de recueillir tous les éléments de preuve qu'elle estime nécessaires et la liberté d'appréciation des faits par elle-même à la lumière des éléments qu'elle possède surtout dans des circonstances exceptionnelles et face a des crimes d'une exceptionnelle gravite. Ce n'est qu'une réponse a un besoin impérieux et nécessaire ; il ne faut jamais accepter que les criminels soient plus forts que l'Etat ; que la technologie serve à commettre les crimes les plus sophistiqués et qu'elle ne serve pas la justice ! L'Egalité des armes au moins.

---

[5] Haritini Matsopoulou, "Les évolutions récentes de la preuve en matière pénale " *in* Le Droit pénal à l'aube du troisième millénaire, Mélanges offertes a Jean Pradel, Cujas 2006, p. 428.

La protection du secret des communications en droit andorran

Joan Miquel RASCAGNERES

Avocat au Barreau d'Andorre

Ancien Bâtonnier

Ancien membre du Comité de prévention contre la torture (Conseil de l'Europe)

« Liberté et sécurité, citoyen et Etat, personne et société, individus et institutions. Toutes ces notions s'opposent dans la société actuelle. Pour augmenter la sécurité, on a tendu à réduire les espaces de liberté. L'Etat absorbe le citoyen. La société globale fait disparaitre l'individu. L'équilibre entre l'individu et les institutions penche du côté des institutions.

Comment affronter cette contradiction permanente dans la lutte historique des irréductibles de la fraternité, la légalité et la justice ? »

Ainsi s'exprimait l'ancien bâtonnier de l'Ordre des Avocats de la Principauté d'Andorre, Manuel Maria Pujadas Domingo, dans le prologue du livre « Législation processuelle de la Principauté d'Andorre », publié en mai 2004[1] La réponse à cette question forte légitime, est contenue, en partie, dans la législation andorrane et l'interprétation qu'en ont donné les tribunaux andorrans et, plus particulièrement, la Chambre Criminelle du Tribunal Supérieur de Justice. En effet, la matière pénale est la plus sensible aux atteintes aux libertés publiques. C'est donc dans ce domaine que les contradictions précédentes sont les plus prégnantes. En Andorre, à défaut de culture historique écrite de garantie des droits fondamentaux, cette interrogation est encore plus lancinante. L'on ne peut oublier l'inexistence d'un Code de Procédure Pénale, limitant le pouvoir des autorités publiques et garantissant les droits des justiciables, jusqu'à une époque récente. Cependant, cette absence de norme écrite, au long des siècles, n'a pas empêché, en harmonie avec les us et coutumes de chaque période, le respect, de manière plus ou moins

[1] Editorial Set Claus, 2004, Andorra la Vella

satisfaisante, des droits fondamentaux et des libertés publiques des individus.

Quant à l'époque contemporaine, rémission doit être faite à l'exposition des motifs du Code de Procédure Pénale du 16 février 1989, qui rappelait que : « Le Décret du 4 juin 1965 est le début timide de la réforme de la procédure pénale à Andorre, qui a atteint une première phase de développement et de modernisation avec le Décret du 14 janvier 1972 qui constituait le premier ensemble systématique de normes processuelles pénales de la Principauté. Et il a fallu attendre jusqu'au 18 janvier 1984, l'entrée en vigueur d'un Code de Procédure Pénale, similaire à celui des pays voisins ».

Depuis lors, ce Code a été amendé et les garanties des droits fondamentaux se sont affermies. Concomitamment, les pouvoirs d'enquête des autorités publiques ont été limités, mais toujours dans le souci d'établir un certain équilibre.

La Constitution andorrane, en 1993, a marqué une réelle volonté de poursuivre dans cette voie, de renforcement donc des garanties, voie ratifiée et confirmée par l'adhésion, l'année suivante, au Conseil de l'Europe et à la Convention Européenne des Droits de l'Homme. Cet ensemble de normes et la jurisprudence des tribunaux andorrans ont permis d'établir des garanties, aujourd'hui conformes aux prescriptions de la Convention Européenne des Droits de l'Homme. À cet effet, l'on peut mentionner, entre autres exemples, que l'intervention de l'avocat dans toutes les phases de la procédure pénale ainsi que lors de l'enquête policière, est assurée, avec accès au dossier, même devant les services de police, garantie qui n'a pas encore été instituée dans tous les pays membres du Conseil de l'Europe. Mais, au-delà de cette garantie essentielle, Andorre a instauré également des garanties spécifiques d'application dans le cadre des enquêtes policières et judiciaires, qui se caractérisent, par hypothèse, par une immixtion des pouvoirs publics dans la vie privée des justiciables. Ainsi ont été créés, en premier lieu jurisprudentiellement, et ensuite dans le Code de Procédure Pénale, les mécanismes permettant aux citoyens d'avoir la certitude que le droit fondamental, inscrit à l'article 15 de la Constitution, et relatif au secret des communications, est respecté par les autorités publiques. Evidemment, ce secret n'est pas absolu, car il est soumis à la contradiction essentielle entre liberté et sécurité. Ce qui justifie que ce secret cède, dans certains cas, mais, toujours dans le respect des prescriptions de l'article 15 de la Constitution, c'est-à-dire sous contrôle judiciaire. Cette obligation a été confirmée par le Tribunal Constitutionnel dans son jugement du 13 mars 2014, (référence 2013-42RE), qui rejette la demande de protection des droits fondamentaux, portée à sa connaissance, au motif que le contrôle des communications téléphoniques, objet du recours, a été ordonné par l'autorité judiciaire, conformément donc aux prescriptions constitutionnelles.

Précédemment, l'intervention de l'autorité judiciaire avait été, en premier lieu, imposée par les tribunaux et ensuite précisée et définie dans le Code de Procédure Pénale, de telle manière que nul ne puisse tenir le doute aujourd'hui que les communications privées sont protégées de toute immixtion de l'autorité publique, qui se verrait sanctionnée en cas de non-respect de ses obligations.

L'atteinte au secret des communications, dans le cadre des prescriptions légales, est une des armes les plus efficaces des services d'enquête pour remplir leur mission de garantie de la sécurité publique. Cependant, eu égard, entre autres, au phénomène de globalisation, les communications sont devenues l'expression même d'un « monde interconnecté ». Cette interconnexion justifie pleinement la protection accordée à ces communications porteuses d'éléments personnels et intimes des usagers.

Attentif à cette logique, le Tribunal Supérieur de Justice d'Andorre a précisé et clarifié les mécanismes de protection des droits des justiciables devant de telles investigations. Et ce par une jurisprudence importante, pour un petit pays comme Andorre, non seulement en matière pénale mais aussi dans les autres domaines du droit. Ces mécanismes de protection seront tout aussi valides pour les nouvelles méthodes d'investigation telles que, par exemple, la géolocalisation.

Dans une première partie, nous analyserons donc la jurisprudence en la matière et, en particulier, celle émanant de la Chambre Criminelle du Tribunal Supérieur de Justice (I).

Cette même Chambre a su aussi définir les normes processuelles d'application en matière de protection du secret des communications, et cela dans le droit-fil des décisions du Tribunal Constitutionnel (II).

En guise de conclusion prospective, le contrôle des nouvelles méthodes d'investigation utilisées par les services de police sera analysé au regard des critères jurisprudentiels de protection des garanties.

Cependant, deux remarques préliminaires s'imposent. La première pour préciser que les mécanismes constitutionnels de protection s'appliquent a toutes les communications, sans exception aucune. Il s'agit donc tant des communications téléphoniques, comme de toute autre forme de communication électronique ou autre, véhiculé par les réseaux (internet, wifi, etc...). La seconde se réfère aux « interceptions de sûreté ». Sous ce vocable, sont désignées les interceptions relatives à la sécurité de l'État, aux affaires de terrorisme et, dans certains pays, à la criminalité organisée. Ces interceptions, dans la grande majorité des cas, sont qualifiés d'interceptions administratives et ne relèvent pas du contrôle judiciaire mais seulement du contrôle d'une commission administrative ou parlementaire ad hoc. Il s'agit essentiellement d'interceptions ordonnées par l'autorité publique, qui ne donnent pas lieu, dans leur grande majorité, à une procédure judiciaire et se situent dans le cadre d'opérations d'intelligence, au sens anglo-saxon du terme. L'exemple le plus médiatique est celles effectuées par la NSA et dénoncées par Mr. Snowden. Andorre ne connait pas cette forme d'interception, car toutes les interventions sur les communications doivent être ordonnées par l'autorité judiciaire, quel qu'en soit le motif.

1. La jurisprudence de la Chambre Criminelle du Tribunal Supérieur

L'intervention du juge est mentionnée dès le Code de Procédure Pénale du 16 février 1989 et, en particulier, à son article 26 qui autorise les services de police à effectuer des écoutes téléphoniques, préalablement ordonnées par l'autorité judiciaire. Cette brève mention était de difficile interprétation, quant à ses modalités de mise en œuvre. En effet, le texte ne donnait aucune indication sur les conditions dans lesquelles pouvait s'effectuer ces interventions. Le Tribunal de Corts[2], dans un jugement du 21 mai 1993, a fixé le cadre de ces interceptions, qui devaient se faire « dans le respect des textes sur la protection de la vie privée et des principes généraux du droit ».

---

[2] Tribunal correctionnel

Cette décision de 1993 a été la première à Andorre à déterminer de forme systématique les critères à respecter pour donner pleine validité à une écoute judiciaire.

Ainsi, le Tribunal a considéré que, attendu que l'article 219 du Code Pénal alors en vigueur protégeait l'intimité des personnes de ce type d'immixtion, l'article 26 du Code de Procédure Pénale devait recevoir une interprétation permettant de concilier la nécessité de répression de la criminalité, et plus spécifiquement dans ses formes les plus graves, tel que le trafic de stupéfiants, avec la protection de l'intimité. Et, au visa de l'article 14 de la Constitution qui venait d'entrer en vigueur quelques jours avant la notification de ce jugement, le Tribunal de Corts a développé l'article 26 du Code de Procédure Pénale, après un examen du droit comparé et de la jurisprudence de la Cour Européenne du Droits de l'Homme et a ainsi précisé les critères à respecter :

1) L'autorisation donnée par la juge doit être écrite et préalable à l'écoute.
2) La décision du juge doit préciser le délit dont s'agit, la personne en cause et les raisons pour lesquelles il est nécessaire d'utiliser cette procédure, le numéro de téléphone intercepté ainsi que la durée de l'écoute.
3) Les bandes d'écoutes doivent être scellées dans leur intégralité et les textes reproduits choisis contradictoirement avec la défense par le juge ou par un agent de police judiciaire délégué à l'effet.
4) Les bandes magnétiques non utilisées et scellées doivent être détruites sous le contrôle du juge ou de l'agent de police judiciaire délégué à cet effet, après la sélection ci-dessus indiqué et les conversations transcrites doivent être scellées jusqu'à la décision définitive, date à laquelle elles seront détruites sous le contrôle du juge ou de l'agent de police judiciaire, en cas de relaxe ou de classement définitif.

Les précisions ainsi apportées par le Tribunal de Corts correspondent à différentes prescriptions incluses dans les décisions de la Cour Européenne des Droits de l'Homme et, entre autres, au jugement du 2 août 1994, (Malone contre Royaume-Uni). Dans cette décision, la Cour a sanctionné le Royaume-Uni au motif que la législation d'application n'était pas suffisamment précise pour fixer, dans le cadre d'écoutes téléphoniques, les domaines et modalités d'exercice du pouvoir d'appréciation des autorités publiques. Le défaut de prévisibilité de la norme du Royaume-Uni a induit la sanction prononcée par la Cour Européenne. Le Tribunal de Corts, dans le jugement commenté, définit donc les conditions dans lesquelles doit se placer le mandat judiciaire prévu à l'article 26 du Code de Procédure Pénale, afin d'éviter ce grief.

D'autre part, il est intéressant de noter que le tribunal, dans sa décision, s'inspire de la jurisprudence d'une juridiction internationale, à laquelle Andorre n'a pas encore adhéré. En effet, l'adhésion d'Andorre au Conseil de l'Europe ne sera effective que le 10 novembre 1994, soit un an plus tard. Cette constatation établit la volonté des tribunaux andorrans de protéger, en tout moment, l'intimité des personnes et le secret des communications, même lorsque la norme d'application apparait incomplète et perfectible.

Lors de la réforme du Code de Procédure Pénale, en 1999, la définition ainsi donnée par le Tribunal de Corts a été reprise et développée. Elle avait, d'ailleurs, été mise en pratique par les juges d'instruction et par les services de police depuis 1993. Et en résulte la rédaction actuelle de l'article 87 du Code de Procédure Pénale, qui a été interprété et précisé par les tribunaux andorrans, et en particulier par la Chambre Criminelle du Tribunal Supérieur de Justice, dans un jugement du 10 avril 2008 (TS-113-3/2005).

Dans cette décision, la Chambre Criminelle, sur la base du texte de l'article 87 du CPP, fixe les critères essentiels à respecter pour les écoutes téléphoniques, comme suit :

1) Exclusivité juridictionnelle, puisque seul le juge d'instruction, à qui incombe le contrôle de cette mesure, peut la décréter.
2) Finalité exclusive de l'investigation et indication des délits et des personnes visés.
3) Exceptionnalité de la mesure, qui ne peut être décrétée que quand aucune autre mesure d'investigation n'est possible, afin de causer une ingérence minime aux droits fondamentaux du suspect et à son intimité.
4) Proportionnalité de la mesure, puisque elle ne peut être prononcée que pour les « délits graves »[3].

---

[3] Delicte major: passible d'une peine de prison supérieure à 2 ans

5) Spécialité de la mesure, tant dans son aspect objectif, sur les faits concrets qui peuvent constituer un « délit grave », comme pour son aspect subjectif, puisque elle ne peut concerner que le téléphone des personnes présumées impliquées, soit le titulaire du téléphone, ou son usager habituel. En aucun cas, cette mesure ne peut se justifier pour des investigations de caractère prospectif et indéterminé.
6) Nécessité, dérivée de la condition précédente, qu'il existe des indices de la commission d'un fait constitutif d'un « délit grave » et de l'intervention dans ce délit de la personne titulaire ou usager habituel du téléphone sous écoute. Pour cela, le service de police devra apporter au juge d'instruction des données objectives sur le « délit grave », objet de l'investigation, et la participation de la personne sous enquête, titulaire ou usager du téléphone objet de l'intervention. Cependant, il n'est pas nécessaire d'apporter une justification exhaustive, puisque il s'agit d'une mesure qui s'adopte au début d'une investigation.
7) Contrôle judiciaire tant au moment de la mise en place de la mesure, comme lors de son développement et de sa cessation, avec intervention du procureur.
8) Limitation temporaire de la mesure.
9) Contrôle ex post de la légalité et régularité de la mesure par l'intéressé.
10) Et quant au domaine de la protection des droits fondamentaux, ce tribunal a déjà dit, dans le jugement du 21 juillet 2007, que l'interprétation de l'article 15 de la Constitution, à la lumière de la jurisprudence de la Cour Européenne des Droits de l'Homme, justifie que le droit au secret des communications téléphoniques garantit aux interlocuteurs ou communicants la confidentialité de la communication téléphonique, qui comprend le secret sur l'existence de la communication et son contenu, ainsi que la confidentialité sur les circonstances ou données externes de la connexion téléphonique : le moment, la durée, la destination, et cela indépendamment du caractère privé o public du réseau de transmission de la communication et du moyen de transmission électrique, électromagnétique ou optique de celle-ci.

La Chambre Criminelle du Tribunal Supérieur a ainsi confirmé sa volonté de protection des droits fondamentaux [4] des justiciables, en étendant le contrôle judiciaire, aux conditions ci-dessus indiquées, à toute intervention de communication, sur quelque réseau que ce soit et pour quelque donnée que ce soit. Ce jugement avait été précédé par une décision du 21 juin 2007 (référence 20/07), qui ébauchait certains de ces critères, définitivement fixés dans le jugement du 10 avril 2008. Ainsi le jugement du 21 juin 2007 indique que la mention de l'article 87 du Code de Procédure Pénale, précisant que l'enquête doit concerner les personnes présumées impliquées devait se comprendre comme les personnes suspectes d'avoir commis un délit grave, et en aucun cas, comme les tiers qui n'auraient suscité aucun soupçon. Le tribunal arrive donc à la conclusion que le droit fondamental au secret des communications d'un journaliste, dont les communications téléphoniques ont fait l'objet d'un comptage, a été violé, dans le cadre d'une investigation dirigée, en réalité, contre les personnes qui pouvaient informer ce journaliste, au sujet d'enquêtes policières ou judiciaires. Ainsi, le Tribunal Supérieur de Justice protège également le secret des sources des journalistes, protection qui a été pleinement confirmée par le Tribunal Constitutionnel, à l'occasion d'un recours « d'empara » [5], interposé dans la même procédure. Dans sa décision du 1er février 2008 (cause 2007/24/RE), le Tribunal Constitutionnel a ainsi confirmé que les investigations des services de police et du juge d'instruction avaient violé, outre le secret des communications, la liberté d'information et le secret professionnel, protégé par l'article 12 de la Constitution.

Les principes ainsi dégagés par la Chambre Criminelle du Tribunal Supérieur de Justice obligent donc à ce que le mandat judiciaire, prévu à l'article 15 de la Constitution, soit encadré dans des limites strictes et prévisibles, afin que, en tout moment, les droits fondamentaux soient garantis, tout en facilitant aux services d'investigation les outils nécessaires à leur mission. Et cela dans la recherche du meilleur équilibre entre liberté et sécurité.

Cette protection ne se limite cependant pas au domaine pénal. Elle a été étendue à toutes les immixtions effectuées en violation du droit à l'intimité et le Tribunal Constitutionnel, dans différentes déci-

---

[4] Procédure constitutionnelle de protection des droits fondamentaux

[5] Recours de protection des droits constitutionnels

sions, et en particulier, celle dictée le 3 octobre 2011 (2001-2/RE) a précisé la portée de cette protection.

Dans cette procédure, le tribunal devait déterminer si l'entreprise, qui avait fourni à ses employés un téléphone portable pouvait, d'une part, détenir l'information relative à la facturation de ce téléphone, avec indication des correspondants et des appels effectués, et si, par la suite, elle pouvait utiliser cette information dans une procédure disciplinaire dirigée contre son employé. Le tribunal a considéré que ces agissements n'étaient pas légitimes et constituaient une violation des droits inscrits aux articles 14 et 15 de la Constitution. En effet, le Tribunal Constitutionnel estime que la validité d'un tel contrôle est soumise à l'information et au consentement préalable du salarié. Dans sa décision, le Tribunal Constitutionnel vise expressément le jugement de la CEDH du 3 avril 2006 (affaire Copland), qui présente de nombreuses similitudes avec l'affaire soumise à sa censure.

Le Tribunal Constitutionnel s'aligne donc sur la jurisprudence la plus protectrice des droits fondamentaux, telle que fixée par la CEDH à de nombreuses reprises. En conséquence, il n'existe aucun doute sur le fait que le droit à l'intimité, qui intègre le droit au secret des communications, est objet de protection judiciaire en Principauté d'Andorre, tant en matière pénale comme civile ou administrative, en application de la jurisprudence émanant de la Chambre Criminelle du Tribunal Supérieur ou du Tribunal Constitutionnel.

Cependant, en matière pénale, cette protection n'est pas absolue, comme il a déjà été dit, et peut céder devant les nécessités de sécurité publique, mais toujours dans le strict respect des critères énoncés précédemment. À cet effet, il est à noter la décision du Procureur Général, qui, dans une affaire importante en matière de trafic des stupéfiants, a demandé lui-même la nullité des écoutes téléphoniques effectuées dans la procédure, car elles ne répondaient pas aux dits critères.

En matière civile, le droit à l'intimité et au secret des communications est garanti en vertu des décisions du Tribunal Constitutionnel, attendu que le contrôle dans quelque but que ce soit de communications ou de données devra toujours avoir été l'objet du consentement exprès et préalable de l'intéressé.

La mise en œuvre de ces droits et de leur protection s'effectue, en Principauté, dans le cadre de normes processuelles qui ont, elles aussi, dû être précisées par la juridiction.

2. Les procédures d'application

Avant d'analyser les différentes procédures applicables pour obtenir le respect du droit au secret des communications, que ce soit dans le domaine pénal ou civil, il est nécessaire, en premier lieu, de définir les conditions relatives à la capacité à agir des requérants.

La personne victime de la interception et partie à la procédure pénale, dans laquelle a été ordonnée cette investigation, ne peut voir sa capacité à agir contesté. De même, on ne peut discuter la capacité du Ministère Public, prévue à la loi relative à cette institution, et en particulier, à son article 1, qui détermine que le Procureur Général est en charge de la défense des libertés publiques.

En matière pénale, toute personne à qui l'intervention téléphonique cause grief, peut solliciter du tribunal compétent la nullité de cette investigation. Ainsi, dans le jugement ci-dessus cité de la Chambre Criminelle du Tribunal Supérieur du 21 juin 2007, le tribunal reconnait aux journalistes, victimes du comptage de leurs appels téléphoniques, une pleine capacité pour demander la nullité de ce comptage et obtenir la reconnaissance de la violation de leurs droits fondamentaux, et cela bien que cette même nullité a été au préalable demandée par le Procureur, dès qu'il a été informé de ce contrôle. Les journalistes n'étaient pas partie à la procédure pénale, puisque qu'ils n'étaient pas soupçonnés d'avoir commis un délit. La capacité à agir ne procède donc pas uniquement du fait d'être partie à la procédure pénale, mais du fait d'être l'objet d'une intervention de ses communications. Et cela est justifié, puisque seulement le suspect d'un « délit grave », peut être l'objet d'une telle investigation, qui ne peut s'étendre à d'autres personnes dont la responsabilité pénale ne peut être mise en cause.

Cependant, conformément au jugement du 21 mai 1996 (référence 09/96 de la Chambre Criminelle), cette nullité doit être demandée expressément devant le Tribunal, ce qui pourrait laisser à penser que celui-ci ne peut agir d'office. En effet, dans cette décision, la Chambre Criminelle indique que, si les écoutes téléphoniques peuvent être considérées comme nulles ou inexistantes en application des critères jurisprudentiels d'application (TC-29-3/93), la défense du mis en cause n'a pas demandé au Tribunal de Corts la déclaration d'illégalité de ces interventions, raison pour laquelle le tribunal ne peut statuer.

À première analyse, cette appréciation apparait critiquable, car elle n'est pas conforme aux nécessités de la protection des droits fondamentaux. Il semblerait plus opportun que le tribunal, même si aucune des parties ne soulève la nullité, puisse, d'office, annuler les preuves nulles, au regard de la grave violation des principes constitutionnels, et en particulier des principes inscrits aux articles 14 et 15 de la Constitution andorrane.

Il appartient donc aux parties ou aux tiers affectés par une procédure pénale, de solliciter la nullité d'écoutes téléphoniques, si cela leur semble opportun. Cette demande, conformément aux termes du Code de Procédure Pénale, peut être formalisée devant le juge d'instruction à tout moment de la instruction, afin qu'il statue à l'effet. Cette demande, ainsi qu'il a été dit, peut donc être introduire par les parties ou par les tiers affectés, mais aussi par le Procureur. Ainsi, dans la procédure qui a donné lieu au jugement du 21 juin 2007, c'est le procureur qui, informé de la décision du juge d'instruction relative au comptage des appels téléphoniques des journalistes, a soulevé la nullité, finalement admise par le juge d'instruction. Et, au-delà du juge d'instruction, cette pétition peut être interposée devant le Tribunal de Corts, soit après notification de l'article 123 du Code de Procédure Pénale (conclusions des investigations), ou encore postérieurement jusqu'à l'audience, et ce en tant que question préliminaire. Le rejet de cette demande par le tribunal peut donner lieu à l'ouverture d'un incident de nullité et, par la suite, à un recours « d'empara » devant le Tribunal Constitutionnel. Cependant, cette voie n'est efficace que lorsque les écoutes téléphoniques constituent une violation des droits fondamentaux à la juridiction, prévue à l'article 10 de la Constitution. Et seront alors d'application les articles 18 bis de la Loi Transitoire de Procédure Judiciaire et 94 de la Loi Qualifiée du Tribunal Constitutionnel, dans sa rédaction du 20 avril 1999, tel que l'a indiqué, à plusieurs reprises, la Chambre Criminelle du Tribunal Supérieur, en particulier dans sa décision du 24 février 2011 (numéro 4-11), ainsi que le Tribunal Constitutionnel (décisions du 2 juillet 1999 et du 10 juillet 2001, entre autres).

Les articles 14 et 15 (droit à l'intimité et au secret des communications) de la Constitution se situant dans le chapitre III du titre II de ce texte, dans le cas où la violation à l'article 10 de la Constitution ne serait pas relevée, c'est-à-dire essentiellement quand la pétition est formulée dans une matière autre que la matière pénale, il sera nécessaire d'utiliser la procédure prévue à l'article 41.1 de la Constitution, qui développe les articles 15 et 18 de la Loi Transitoire de Procédures Judiciaires et qui renvoie au recours général « d'empara » des articles 85 à 92 de la Loi Qualifiée du Tribunal Constitutionnel.

La procédure de l'article 41.1 est définie, par la Chambre Criminelle du Tribunal Supérieur, comme une procédure de protection constitutionnelle qui, en plus d'être urgente et préférentielle, doit être considérée exceptionnelle et donc utilisée comme ultime moyen et seulement quand' il n'existe pas une autre procédure juridictionnelle ordinaire de protection des droits constitutionnels. En conséquence, pour la Chambre Criminelle, la procédure ordinaire prévaut, (cf. jugement du 22 décembre 2008, qui précise que la procédure urgente et préférentielle de l'article 41.1 est réservée au cas, dans lesquels la violation des droits fondamentaux ne constitue pas une infraction pénale). Cependant, si la violation constitue une infraction pénale, il faudra interposer l'action correspondante, dans le champ pénal, et dans ce cadre seront utilisées les voies de protection ci-avant indiqués.

Les parties disposent donc de différentes procédures pour faire valoir le respect de leurs droits constitutionnels. Et les dites procédures ont démontré leur efficacité, puisqu' Andorre n'a encore jamais été condamnée par la Cour Européenne de Droits de l'Homme dans ce domaine.

Ainsi, l'on peut affirmer que le système de protection défini dans les textes d'application et par la jurisprudence ne suscite aucune critique importante, bien que certaines difficultés puissent encore apparaitre. Et cela, en particulier au regard des méthodes modernes d'investigation utilisées par les services d'enquêtes.

Conclusion

En effet, pour les écoutes téléphoniques, un doute subsiste en relation avec celles effectuées hors du territoire andorran par un service de police étranger, dans le respect des règles de ce pays, et qui pourraient être utilisées en Principauté dans le cadre d'une procédure pénale. À cet effet, actuellement, rémission doit être faite à la jurisprudence de la Cour Européenne des Droits de l'Homme, et en particulier, à la jurisprudence Matheron c/ France. Dans cette décision, la Cour a reproché, entre autres, à l'Etat français, les lacunes de sa législation, qui n'opèrent aucune distinction, selon la procédure dans le cadre de laquelle les écoutes ont été ordonnées. Ainsi, des écoutes téléphoniques ordonnées par un juge d'instruction territorialement compétent, dans le cadre d'une instruction dans laquelle Matheron n'était pas partie, avait été utilisées comme moyen de preuve dans un autre procédure, sous la compétence d'un autre juge d'instruction, avec une compétence territoriale différente. Dans cette seconde procédure, Matheron avait été condamné, sur la base des écoutes réalisées dans la première, sans que jamais il ait pu discuter la régularité de ces investigations dans une procédure ou dans l'autre. En effet, il n'était pas partie dans la première instruction et les écoutes n'avait pas été ordonnées dans la seconde, dans laquelle il était partie.

Si l'on s'en réfère aux conditions strictes fixées par la Chambre Criminelle du Tribunal Supérieur de Justice dans sa décision du 10 avril 2008 (TC-113-3/2006), l'on peut donc s'interroger sur le fait de savoir si une écoute téléphonique effectuée à l'étranger peut répondre aux critères cumulatifs définis dans cette décision. À défaut, les écoutes ne pourraient être considérées comme preuve valide en Principauté et devraient être annulées, entre autres motifs, pour le défaut de prévisibilité de la législation andorrane dans ce domaine, critère auquel la Cour Européenne accorde une importance primordiale. L'article 87.2 du Code de Procédure Pénale, qui règle les critères à respecter dans les cas d'écoutes téléphoniques, ne développe aucune prévision en relation avec des écoutes téléphoniques réalisées à l'étranger, dans le cadre d'une procédure suivie par un juge étranger. Ce défaut de prévisibilité pourrait donc être sanctionné par la Cour Européenne, sur la base de la jurisprudence Mathéron c/ France. Et, à cet effet, il semble nécessaire de remarquer que la complexité de la criminalité organisée justifie que la législation andorrane soit précisée sur ce point, afin d'éviter, dans le futur, toute distorsion qui porterait préjudice aux intérêts de la sécurité publique. Ainsi, dans de nombreuses affaires de blanchiment poursuivies en Andorre, le fondement de ces poursuites réside dans des enquêtes judiciaires ou policières effectuées hors du territoire andorran, raison pour laquelle cette *vacatio legis* doit être comblé.

D'autre part, au regard de la jurisprudence analysée, l'on peut approfondir la réflexion sur d'autres méthodes d'investigation qui, jusqu'à l'heure actuelle, n'auraient pas été utilisées en Andorre ou, si elles l'ont été, n'ont jamais été soumises à l'analyse des tribunaux.

La première de ces méthodes, en relation avec la jurisprudence de la Chambre Criminelle du Tribunal Supérieur relative aux écoutes téléphoniques, se réfère à la technique de la géolocalisation, dans ses deux différents aspects. Le premier, déjà connu, est la géolocalisation de téléphones portables, moyennant les données recueillies par l'opérateur téléphonique. En effet, chaque téléphone portable laisse sa trace au moment où il se connecte avec un répétiteur, élément qui est donc d'importance dans les investigations destinées à déterminer la présence ou non d'une mise en cause sur le lieu du délit. Une seconde technique de géolocalisation consiste à dissimuler dans le véhicule d'un suspect un émetteur, afin de pouvoir contrôler ses déplacements.

Récemment, la Chambre Criminelle de la Cour de Cassation Française a pu considérer que ces techniques constituaient une ingérence dans la vie privée. Elles doivent donc être placées sous la protection de l'article 8 de la Convention Européenne des Droits de l'Homme (C. Cass. - arrêt du 22 octobre 2013 numéro 13-91-945 et du 19 novembre 2013, numéro 13-94-909). Et conséquemment une autorisation judiciaire accordée par un juge indépendant et impartial, au sens donné par la Cour Européenne, doit être délivrée pour que cette preuve soit valide. La Cour considère que la législation française présente un manque de prévisibilité en cette matière, défaut régulièrement sanctionné par la CEDH, dans le cadre de la protection des droits à l'intimité. Conscient de cette difficulté, le gouvernement français a fait approuver par le Parlement, le 24 février 2014, une modification du Code de Procédure Pénale, afin d'autoriser l'utilisation de tous moyens techniques destinés à la localisation en temps réel, sur le territoire national, d'une personne, d'un véhicule ou d'un autre objet, sans le consentement du propriétaire ou du possesseur, à la condition que cette opération soit exigée par la nécessité d'une enquête relative à un délit grave. Ainsi, le défaut de prévisibilité dénoncé par la Chambre Criminelle de la Cour de Cassation a été pallié, dans le but d'accorder aux services d'investigation les moyens nécessaires à leur mission, tout en garantissant les droits des justiciables, puisqu'une telle mesure devra être ordonnée par mandat judiciaire. En Principauté, en application de la jurisprudence de la Chambre Criminelle du Tribunal Supérieur, l'on peut supposer que la solution à cette difficulté serait similaire à la solution française, qui s'inspire directement de la jurisprudence de la Cour et de la Convention Européenne des Droits de l'Homme. Et l'on peut envisager que, au-delà de la nécessité d'une intervention judiciaire, les conditions à respecter seraient similaires à celles fixées dans le jugement du 10 avril 2008, avec les adaptations nécessaires. Dans ce domaine, il serait donc prudent d'introduire dans le Code de Procédure Pénale de la Principauté les mentions nécessaires, afin d'éviter, là aussi, le grief de défaut de prévisibilité de la norme.

Une dernière hypothèse, d'un certain intérêt historique pour l'Andorre, peut être évoquée à titre d'anecdote, soit la sonorisation des cellules des services de police ou des salles de visite du centre de détention, dans le but de recueillir des éléments utiles à l'enquête en cours.

Cette sonorisation, à l'évidence, ne peut être dirigée, aujourd'hui (avant la Constitution, il semblerait que ce fut différent), aux conversations entre détenus et avocat, qui sont couvertes par le secret professionnel, défini au Code Pénal et au Code de Procédure Pénale et pleinement confirmé par la loi 20/2013 de Coopération Pénale Internationale et de Lutte contre le Blanchiment, et ce à la condition, évidemment, que l'avocat respecte ses obligations et ne soit pas suspect de participer, à quelque titre que ce soit, à un délit. Dans cette hypothèse regrettable, conformément aux prescriptions de l'article 87 du Code de Procédure Pénale et s'agissant d'une situation similaire à celle d'une écoute téléphonique, le Bâtonnier de l'Ordre des Avocats devait être informé de cette mesure, objet d'une décision judiciaire motivée. Une telle garantie à déjà été accordée par certains juges d'instruction pour les perquisitions effectuées dans un cabinet d'avocat, en autorisant la présence du Bâtonnier, bien que son intervention ne soit pas prévue au Code de Procédure Pénale. Dans ce cadre, il pourrait être utile de prévoir, une procédure contradictoire spécifique, afin que la décision de saisie des documents soit soumise à la sanction d'un juge indépendant et impartial, après débat contradictoire, afin de décider si la mesure ordonnée porte atteinte ou non au secret professionnel.

Hors cela, rien, dans les textes andorrans d'application, ne semble empêcher la sonorisation d'une cellule par le service de police aux fins d'enquête. Cependant, à ce sujet, nous pouvons nous référer aussi à un arrêt récent de la Chambre Criminelle de la Cour de Cassation Française du 7 janvier 2014 (numéro 13-95-246), qui a décidé que, bien que la sonorisation soit ordonnée par un juge indépendant et impartial, cette mesure constitue une manœuvre qui porte atteinte au droit à une procédure équitable et au principe de loyauté des preuves. Ainsi, de forme implicite, cette haute juridiction confirme que le droit à l'intimité existe aussi dans les cellules des commissariats.

Sans aucun doute, les tribunaux andorrans opteraient pour la même solution, et cela dans le droit-fil de la jurisprudence développée depuis l'entrée en vigueur de la Constitution, qui a introduit dans le corpus juridique andorran la protection des droits fondamentaux définis dans la Convention Européenne des Droits de l'Homme, principe qui, en tout moment, a été mis en application tant par la Chambre Criminelle du Tribunal Supérieur de Justice que par le Tribunal Constitutionnel.

L'utilisation de la technologie dans la procédure pénale brésilienne

Rodrigo De SOUZA COSTA
Professeur à l'Université d'Etat de Rio de Janeiro (Brésil)

1. Introduction

La technologie offre des nouvelles techniques pour produire des actes dans la procédure pénale qui sont disponibles pour les agents chargés d'appliquer la loi et qui devraient être exploitées et utilisées par eux comme un moyen d'accélérer l'instruction. En même temps, cela offrirait une plus grande sécurité juridique. Le Droit, comme les autres sciences, devrait accompagner la modernisation de la société et tous les instruments qui en découlent, notamment ceux permettant de nouvelles façons de développer des activités sociales.

Dans ce contexte, une analyse s'impose : celle sur la façon dont la technologie peut aider dans le développement de la procédure pénale, toujours réglementé par une loi établie en 1941, non véhiculée à ce paradigme social.

2. Visioconférence

Le Brésil est un pays aux dimensions continentales. Même au sein de la même ville, les distances peuvent être énormes. Cela implique l'épuisant et dangereux déplacement d'une personne emprisonnée pour une audience. Par exemple, le principal complexe pénitentiaire de Rio de Janeiro se trouve à 42,1 kilomètres du Forum Central de la Ville, exigeant que l'incarcéré soit déplacé sur une telle distance, pas toujours dans des conditions idéales.

Ainsi, la distance peut être un obstacle à une audience tenue dans la même ville où le prisonnier est mis en garde, et encore moins dans les cas où celui-ci se trouve dans un État différent de celui dans lequel le procès a lieu, étant donné que ces distances peuvent facilement surmonter les quatre mille kilomètres[1].

Dans ce sens, l'emploi de la visioconférence a été adoptée au bon moment dans la loi brésilienne et est perçue comme un moyen d'établir non seulement une protection pour les droits de l'accusé, ce qui évite des déplacements inutiles et pourrait rendre plus simple la procédure pénale, tout en baissant les coûts pour l'Etat et contribuant efficacement au développement du procès et l'aboutissement des cas portés à son étude et ses résolutions. Il est à noter que la visioconférence a les mêmes effets et garantit l'interrogatoire physique de l'accusé et la préparation de sa défense contre les charges qui pèsent sur lui.

Pour que l'audience puisse se dérouler par voie électronique, les juridictions pénales sont équipées des appareils nécessaires, à savoir ordinateurs, caméras, téléviseurs et téléphones, de même que le lieu où le prisonnier se rendra. Outre le fait que l'intégrité des communications informatiques seront assurées, il est à noter que le prisonnier n'est pas interrogé en prison, mais dans des salles plus appropriées et réservées dans leur voisinage, pour être en mesure de fournir une assistance appropriée.

Les principes de la défense, d'une procédure équitable, de la publicité et du contact immédiat avec le juge sont pleinement respectés. Une fois que la pièce dans laquelle sera situé le prisonnier est accompagné par des officiers de justice et par un défenseur, et, à l'autre extrémité du système se trouveront le juge, le procureur et un autre défenseur. Ainsi, l'accusé bénéficiera de deux défenseurs, poussant l'affirmation selon laquelle l'interrogatoire de l'accusé par visioconférence va à l'encontre du principe de défense loyale.

Il convient de noter que l'utilisation de la visioconférence et d'autres mécanismes audiovisuels était effective au Brésil avant même que la loi n°11900/2009 du 8 janvier 2009 ne vienne modifier

---

[1] https://www.google.com.br/maps/dir/Rio+Branco+-+AC/Porto+Alegre,+RS/@-19.1339784,-66.7650708,5z/data=!3m1!4b1!4m13!4m12!1m5!1m1!1s0x917f7bb68acc96f3:0x8ab88f1d7f1d9b3c!2m2!1d-67.8248977!2d-9.975377!1m5!1m1!1s0x9519784e88e1007d:0xc7011777424f60bd!2m2!1d-51.2176584!2d-30.0346564?hl=pt-BR

le Code de procédure pénale et créer officiellement la possibilité d'utiliser la visioconférence dans l'interrogatoire de l'accusé.

Néanmoins, on peut encore constater de nos jours dans la doctrine, des critiques qui avancent l'inconstitutionnalité de la procédure, fondée principalement sur l'atteinte au droit à une défense pleine et entière de l'accusé. Le système porterait atteinte à ses droits de la défense en raison de l'absence de contact physique avec son juge[2].

Cependant, la tendance de la société moderne est d'aller de plus en plus vers le remplacement des actes physiques qui demandent des déplacement et des dépenses, par des actes électroniques qui ont la même efficacité, et de nombreux avantages, tels que le faible coût, la rapidité et l'immédiateté de la communication. L'utilisation de la visioconférence et d'autres mécanismes audiovisuels devraient donc accélérer les actes de procédure, à condition qu'ils soient guidés par le principe de proportionnalité pour que les droits inhérents à la dignité humaine soient respectés.

3. Procès électronique

La grande nouveauté au Brésil concernant l'utilisation de la technologie dans les procédures pénales est, sans aucun doute, le procès électronique. Le procès électronique a commencé à être mis en œuvre au Brésil avec la promulgation de la loi n° 11.419 du 19 décembre 2006, qui prévoyait l'informatisation de la procédure judiciaire, en admettant, dans son article 1er, «l'utilisation des médias électroniques au cours des procédures judiciaires, les actes de communication et de transmission des actes de procédure »[3].

Les procédures électroniques (articles 8 à 13) permettent le déroulement de l'acte sans papier ou sans supports physiques. Dans ce cas, les demandes sont présentées sous forme numérique, avec l'accusé de réception électronique du protocole. L'identification de l'auteur de l'acte est faite par signature électronique, ce qui signifie qu'un certificat d'identification numérique est délivré selon les règles

---

[2] Karine Araújo Andrade, A inconstitucionalidade do interrogatório por videoconferência à luz do princípio da ampla defesa, v. http://www.juspodivm.com.br/i/a/A_INC_VIDEOCONFERENCIA.pdf

[3] http://www.planalto.gov.br/ccivil_03/_ato2004-2006/2006/lei/l11419.htm

de l'Association du Barreau du Brésil (OAB) ou de l'enregistrement de l'utilisateur auprès du pouvoir judiciaire.

Le procès électronique est une alternative à l'utilisation du papier, en étant sûr que la loi accorde la même valeur juridique au document électronique signé numériquement car, conceptuellement, il apporte des informations pour identifier son auteur.

A. Les difficultés inhérentes au procès électronique

Bien qu'il soit novateur, le procès électronique provoque quelques difficultés pour les professionnels, soit par manque de formation, soit par les exigences relatives à l'utilisation du procès électronique.

Avec l'avènement du procès électronique, la manifestation de l'avocat, pour n'importe quel acte de procédure, est faite exclusivement sous une forme virtuelle. Ainsi, pour que cet acte soit effectif, il est nécessaire que le fichier soit numérisé, converti au format PDF et signé numériquement, ce qui rend impératif l'enregistrement préalable de l'avocat auprès de l'organisme compétent. Une fois ces procédures préalables effectuées, le fichier est prêt à être utilisé au cours du procès.

Comme nous l'avons démontré, la procédure de demande n'est pas simple, surtout pour les avocats qui ne sont pas familiers avec l'informatique, car le respect d'un certain nombre d'exigences techniques s'impose. Elles vont bien au-delà de la façon dont ces actes de procédure sont effectués, comme cela a été précédemment le cas lors d'un simple déplacement au Forum. De nombreux avocats rencontrent des difficultés pour utiliser le procès électronique.

B. Critiques

Une critique très récurrente faite au système de déroulement électronique des dossiers judiciaires est celui du surcoût pour les parties, une fois qu'ils sont responsables pour les actions qui étaient précédemment attribuées au seul pouvoir judiciaire[4].

Comme l'indiquent Alexandre Knopfholz, Guilhème Alonso et Luis Otavio Sales quelques questions techniques finissent par causer des problèmes aux parties lors de la manipulation du procès virtuel :

---

[4] Alexandre, Guilheme Knopholz, Luis Otavio Alonso e Sales, Direito e justiça / Processo eletrônico : avanço ou retrocesso ? In http://www.mppr.mp.br/modules/conteudo/conteudo.php?conteudo=2329

"Outre la difficulté de manipuler les actes virtuels, il existe d'autres obstacles au bon fonctionnement du procès virtuel, en particulier en ce qui concerne la taille des fichiers, généralement limitée entre 1 et 1,5 Mo (mégaoctets). Bien que la loi n° 11419 / 2006 prévoit la possibilité de protocole physique de grands volumes de documents, les limites empêchent le protocole des plaintes qui soient composées de texte et d'images, par exemple. Dans ces cas, il y a une limitation visible pour les défenseurs, qui doivent choisir entre l'appauvrissement de la pétition visuelle et le démembrement téméraire du fichier numérique.

En outre, la limitation de la circulation des données imposée par les tribunaux représente une fragilité technique des systèmes de traitement des procès électroniques, incompatibles avec les formats de fichiers disponibles pour les utilisateurs. Par exemple: une pétition d'une cinquantaine de pages dans un format "PDF", dépasse la taille maximale autorisée. Il s'agit encore d'une limitation à la performance des parties "[5].

C. Des bénéfices

C'est évident que le procès électronique est innovant et met à jour, dans tous les domaines du droit, les progrès technologiques inhérents à la société moderne. Il est aussi un moyen d'accélérer les actes de procédure, d'augmenter leur publicité et réduire leurs coûts, puisqu'il n'y a plus besoin de se déplacer aux Forums pour la consultation du procès ni pour déposer plainte.

Ces actes de procédure peuvent être effectués depuis n'importe où, pourvu qu'il y ait un ordinateur connecté à l'Internet et que les exigences techniques soient remplies, telles que la signature numérique et l'installation de programmes relatifs au tribunal.

Malgré les nombreuses critiques et les difficultés que certains agents du droit rencontrent lors du traitement du procès électronique, on ne peut nier les avantages qu'il a apportés et apporte encore à la justice brésilienne.

---

[5] Alexandre, Guilheme Knopholz, Luis Otavio Alonso e Sales, Direito e justiça / Processo eletrônico : avanço ou retrocesso ? In http://www.mppr.mp.br/modules/conteudo/conteudo.php?conteudo=2329

En 2010, une enquête a été réalisée et a constaté que, après quatre ans de maintient de la loi en vigueur n°11.419 / 2006, le Brésil comptait 4 % des dossiers judiciaires entièrement numérisés traités par la Justice. Ce format a permis une réduction moyenne de 40 % du temps de traitement de la procédure[6].

La Cour supérieure de justice (STJ), équivalent brésilien de la Cour de cassation, et la Cour suprême du Travail ont complètement adhéré au procès électronique, dans lesquelles les dossiers sont déposés uniquement sous forme électronique. La Cour Suprême a également rejoint le traitement virtuel des dossiers en limitant la réception de six catégories de procès uniquement en format électronique. Outre l'ensemble de ces tribunaux fédéraux, la Justice fédérale brésilienne a adopté le procès électronique, même partiellement, tout comme les vingt et un des vingt-sept tribunaux des États du Brésil[7].

Pour qu'on puisse mieux visualiser l'avancement du procès électronique au Brésil, il est fort utile d'observer les deux tableaux ci-dessous.

Tribunal Regional Federal	**CnElet – Nouveaux cas électroniques**	**Total de nouveaux cas (à l'exception des exécutions judiciaires)**	**ProcEl – Taux de procès électroniques**
1ª Região	588.573	1.002.586	59%
2ª Região	259.508	334.039	78%
3ª Região	288.763	709.960	41%
4ª Região	677.519	713.968	95%
5ª Região	373.504	440.053	85%
Justiça Federal	**2.187.867**	**3.200.606**	**68%**

Source : Justiça em Números 2013.

On remarque d'abord que, dans le cadre des Cours fédérales, 68% (soixante-huit pour cent) des cas de procès sont déjà électroniques, étant donné qu'environ 10,45% (dix virgule quarante-cinq

[6] Alexandre Atheniense, *Avanços e entraves do processo eletrônico na Justiça.* In http://www.conjur.com.br/2010-dez-16/retrospectiva-2010-avancos-entraves-processo-eletronico-justica

[7] V. http://www.cnj.jus.br/programas-de-a-a-z/sistemas/processo-judicial-eletronico-pje/2011-05-13-20-12-46

pour cent) des cas examinés par la Cour fédérale brésilienne sont les affaires pénales (un total d'environ 291.836 affaires pénales)[8].

Dans le cas des Cours d'Etats brésiliens, les progrès de l'informatisation de procès a toujours été assez lente. Seulement 20% (vingt pour cent) des cas ont déjà été informatisés.

Tribunal de Justice	CnElet – Nouveaux cas électroniques	Total de nouveaux cas (à l'exception des exécutions judiciaires)	ProcEl – Taux de procès électroniques
Acre	68.966	79.908	86%
Alagoas	88.576	134.419	66%
Amazonas	159.447	211.309	75%
Amapá	17.903	79.218	23%
Bahia	248.660	666.790	37%
Ceará	165.299	350.548	47%
Distrito Federal	992	369.922	0%
Espírito Santo	32.643	317.211	10%
Goiás	191.736	591.622	32%
Maranhão	84.726	334.661	25%
Minas Gerais	102.646	1.758.010	6%
Mato Grosso do Sul	219.049	258.450	85%
Mato Grosso	117.816	333.443	35%
Pará	33.499	250.447	13%

8 V. http://www.cnj.jus.br/programas-de-a-a-z/eficiencia-modernizacao-e-transparencia/pj-justica-em-numeros/relatorios

Paraíba	86.908	242.672	36%
Pernambuco	74.235	451.376	16%
Piauí	39.307	110.551	36%
Paraná	709.545	1.043.863	68%
Rio de Janeiro	298.926	2.700.036	11%
Rio Grande do Norte	86.606	212.790	41%
Rondônia	43.664	198.964	22%
Roraima	34.822	50.129	69%
Rio Grande do Sul	10.192	1.793.594	1%
Santa Catarina	246.184	839.728	29%
Sergipe	92.675	207.144	45%
São Paulo	399.290	5.010.671	8%
Tocantins	123.073	123.073	100%
Justice d'Etat	**3.777.385**	**18.720.549**	**20%**

Ce pourcentage paraît encore plus intéressant quand on le confronte aux volumes des procès. Dans les tribunaux des États brésiliens de l'année 2013 ont été traités un total de 8.123.286 (huit millions cent vingt trois milles deux cent quatre-vingt-six) affaires pénales sur un total de 38.534.533 (trente huit millions cinq cent trente quatre mille cinq cent trente trois) procès.

On peut remarquer qu'il y a un volume beaucoup plus important de procès devant les tribunaux des états que devant dans la Cour fédérale et, en dépit d'un pourcentage inférieur à celui des processus électroniques de la Cour fédérale, le montant des procès électroniques des tribunaux des états est sensiblement plus élevé que celui de la Cour fédérale.

4. La surveillance électronique

La surveillance électronique est prévue par la loi brésilienne dans deux situations : comme mesure préventive de l'article 319, IX du Code de procédure pénale[9] qui est à la disposition du juge pour être utilisée à tout moment de la phase d'ouverture du procès pénal, ou encore, pour assurer l'exécution de la peine susceptible d'appel et comme moyen de contrôle de la répression pénale.

Il est important de souligner sa prévision comme une mesure préventive alternative à la détention qui doit être appliquée conformément à l'article 282 du Code de procédure pénale. La surveillance électronique représente une avancée importante dans la législation brésilienne, car il n'existait pas auparavant, dans notre système juridique, d'autres mesures alternatives à la prison préventive. Avec la surveillance électronique, huit autres solutions alternatives à la prison ont été incluses: I – la convocation devant le tribunal, dans les délais et dans les conditions fixées par le juge, pour l'informer et justifier des activités ; II - interdiction d'accès à certains lieux ou, lorsque, pour des circonstances liées aux faits, l'inculpé ou le prévenu doivent restent loin de ces zones pour éviter le risque de commission de nouvelles infractions ; III - interdiction de rencontrer certaines personnes pour des raisons liées aux faits ; IV - interdiction de s'absenter du district lorsque le séjour est approprié ou nécessaire pour l'investigation ou l'instruction ; V - assignation à résidence pendant la nuit et les jours de congés lorsque l'accusé ou la personne faisant l'objet d'un enquête dispose d'un lieu de résidence et de travail fixes; VI - suspension de l'exercice de la fonction publique ou d'une activité de nature économique ou financière quand il existe un risque sérieux d'utilisation de la fonction dans la pratique des infractions pénales ; VII - la détention provisoire de l'accusé dans les cas de crimes commis avec violence ou menace grave lorsque les experts concluent qu'il est imputable ou semi-imputable et qu'il existe des risques de récidive (article 26 du Code pénal) ; et VIII – paiement d'une caution pour les infractions pour certaines infractions, afin d'assurer la présence à des stades de la procédure, pour éviter l'obstruction de l'instruction ou en cas de résistance injustifiée à l'ordonnance du tribunal[10].

---

[9] http://www.planalto.gov.br/ccivil_03/decreto-lei/del3689compilado.htm

[10] Cette modification a été apportée par la Loi nº 12.403/11

La surveillance électronique peut également être appliquée comme un moyen indirect de surveillance des condamnés, des sorties temporaires en régime semi-ouvert de détention et d'assignation à résidence. Pour la première fois la loi fédérale a intégré la surveillance électronique au système juridique brésilien avec la loi n ° 12.258/10, qui a modifié plusieurs articles de la Loi d'exécution pénales - LEP, tenant compte de ce mécanisme de surveillance pour les condamnés.

Dans ce dernier cas, la Loi d'exécution pénale, la loi n ° 7.210/84[11], prévoit dans l'article122 l'utilisation de la surveillance électronique dans le cas de contrôle d'une sortie temporaire du détenu pour rendre visite à sa famille ou participer à des cours de formation. En outre, dans l'article 146-B, IV l'emploi de la surveillance de l'assignation à résidence, qui est applicable aux condamnés à une peine maximale de quatre ans ou qui sont âgés de plus de 70 ans ou qui sont atteints d'une maladie grave, ou qui ont des enfants mineurs ou handicapés physiques ou mentaux ou encore pour des condamnées enceintes[12].

Il est à noter que dans ces deux derniers cas, la surveillance électronique n'a pas constituée véritablement une avancée car l'assignation à résidence et la sortie temporaire étaient déjà autorisées en vertu du droit brésilien. Ainsi, il semble que dans ce cas il y a eu seulement une augmentation de la surveillance sans aucune expansion des droits.

---

[11] http://www.planalto.gov.br/ccivil_03/leis/l7210.htm

[12] Art. 117 de la loi n.º 7.210/84.

Exécution des peines et nouvelles technologies

Place et effets de la surveillance électronique dans le monde

Carlos Eduardo Adriano JAPIASSÚ
Professeur à l'UERJ, UFRJ et UNESA (Brésil)
Secrétaire général de l'Association internationale de droit pénal (AIDP)
Président du Groupe Brésilien de l'AIDP

Introduction

L'un des phénomènes caractéristiques des sociétés contemporaines est une augmentation de la criminalité, surtout violente, et, en conséquence, l'augmentation de la population carcérale. Plus que cela encore, le phénomène de la surpopulation carcérale est récurrent et engendre de nombreuses préoccupations, allant de la redéfinition du rôle des peines privatives de liberté à la recherche de nouvelles mesures pénales, et des sanctions alternatives.

Dans ce contexte la surveillance électronique est apparue. Elle vise à être un instrument de réduction de la population carcérale en permettant à des condamnés, ou même à des prisonniers en détention provisoire, de rester hors de la prison grâce à des bracelets, contrôlables à distance. Ce serait donc un moyen efficace de restreindre la liberté, sans avoir recours à l'incarcération.

La surveillance électronique est utilisée dans le monde depuis les années 1980, initialement aux États-Unis et ensuite elle s'est étendue à d'autres pays[1].

Malgré la rapidité avec laquelle elle s'est répandue à travers le monde, une telle mesure n'est pas à l'abri des critiques, bien au contraire. L'une des critiques les plus écoutées contre la surveillance électronique est que le résultat prétendu, la réduction de la population carcérale, n'a pas été atteinte. Il est spécifié qu'elle n'est rien de plus qu'un instrument de gestion carcérale, mais qu'elle n'a jamais effectivement réduit la surpopulation.

---

[1] Gustavo Garibaldi, Las modernas tecnologías de control y de investigaiódel delito, Ed. Ad hoc, 2010, p. 344 et s.

Ainsi, il semble pertinent de discuter la place et les effets de la surveillance électronique dans le monde d'aujourd'hui, à partir d'expériences nationales, en essayant de vérifier si les objectifs fixés ont été atteints.

1. Origines et raisons du développement de la surveillance électronique

À partir de 1946, des expériences de contrôle des prisonniers maintenus à leur domicile ont été faites au Canada[2]. Dans les années 1960, le professeur de l'Université de Harvard, Ralph Schwitzgebel, proposa des mesures électroniques comme moyen de contrôle carcéral de délinquants et de malades mentaux[3]. Dans la décennie qui suivit, L. Barton Ingraham et Gerald Smith ont défendu l'utilisation de la surveillance électronique en tant que véritable alternative à la prison[4].

Cependant, la véritable origine du bracelet électronique provient d'une pratique judiciaire plus récente. En Août 1979, le juge nord-américain Jack Love, d'Albuquerque, Nouveau-Mexique, idéalisa la création d'un dispositif qui pouvait mieux surveiller les détenus, en s'inspirant d'une bande dessinée de Spider-Man dans laquelle le vilain fixe un bracelet électronique connecté à un radar sur le bras de Spiderman, lui permettant de localiser le héros quel que soit l'endroit où il se trouvait[5].

Il prit alors contact avec l'ingénieur électronique Michael Goss et lui demanda de développer un système de surveillance, lequel fut testé par le juge lui-même en 1983. Il ordonna, par la suite, que ce mécanisme soit utilisé pour surveiller cinq délinquants de sa ville. Le premier bracelet électronique reçut le nom de "Gosslink", découlant de l'union du mot *link* et du nom de l'ingénieur qui le créa[6].

---

[2] Jean-Paul Céré, La Surveillance Électronique : une réelle innovation dans le procès pénal ? *Net*, Rio de Janeiro, 8 jun. 2006. Revista da Faculdade de Direito de Campos, ano VII, nº. 8. Disponível em: <http://www.fdc.br/Arquivos/Mestrado/Revistas/Revista08/Artigos/JeanCere.pdf>. Acesso em: 10 out. 2007.

[3] Faustino Gudín Rodriguez-Magarños, *Cárcel electrónica para la creación del sistema penitenciário del siglo XXI*. 1. ed. Valencia: Librería Tirant lo Blanch, 2007. p. 55.

[4] *Ibid*. p. 56.

[5] Jean-Paul Céré, *op. cit*.

[6] *Ibid*. p. 61.

Donc, ce fut bien aux États-Unis que la surveillance électronique prit naissance et dont le développement trouve ses origines dans des projets pilotes, notamment à Washington, en Virginie et en Floride[7].

Prenant comme base les justifications rencontrées dans les pays dans lesquels la surveillance électronique a été introduite, on a pu déterminer un triple objectif pour l'utilisation d'un tel système, à savoir : la lutte contre la surpopulation carcérale, la réduction des coûts liés à l'incarcération et une diminution du risque de récidive criminelle.

On peut dire que les arguments en faveur de la surveillance électronique reposent essentiellement sur deux idées. En premier lieu, 'un point de vue pragmatique, l'on soutient que la surveillance électronique contribuerait à une réduction de la population carcérale et, par conséquent, à une diminution des coûts de l'administration pénitentiaire. En second lieu, le contrôle électronique éviterait ou réduirait la privation de liberté dans les prisons, et donc contribuerait et accélèrerait le processus de resocialisation du condamné, évitant en même temps les effets négatifs de l'emprisonnement[8].

L'utilisation de bracelets électroniques au poignet ou à la cheville a été imaginée pour éviter l'incarcération des individus en attente de jugement, du condamné à une courte peine d'emprisonnement, ou encore, de celui qui est sur le point de purger la totalité de la peine privative de liberté. Dans certains cas, également, le recours à cette mesure est prévu pour des mineurs et des multirécidivistes.

Il faut souligner que l'adoption de la surveillance électronique peut se faire essentiellement au travers de deux systèmes, le *front-door* et le *back-door*[9]. La variante *front-door* vise à éviter l'incarcération du condamné. Elle peut être une peine principale ou une alternative à l'exécution de la peine privative de liberté, en plus de s'appliquer à des cas de suspension conditionnelle de la peine et de prestation de services à la communauté.

---

[7] Jean-Paul Céré, *op. cit.*

[8] Miguel Angel Iglesias Río, Juan Antonio Pérez Parente, La pena de localización permanente y su seguimiento con medios de control electrónico. *Net*, México, 2006. Biblioteca Jurídica Virtual del Instituto de Investigaciones Jurídicas de la Universidad Nacional Autónoma de México. Disponível em: <http://www.juridicas.unam.mx/publica/librev/rev/dconstla/cont/20062/pr/pr21.pdf>. Acesso em: 11 out. 2007.

[9] Ibid.

De son côté, le modèle *back-door* présuppose une réduction du temps du condamné dans la prison en remplaçant la période restante à purger par la surveillance électronique, de manière à permettre une réhabilitation progressive du détenu dans la société.

Nous ne pouvons pas négliger le rôle de la surveillance électronique dans la gestion du flux carcéral en tant que mesure alternative à la détention provisoire, des incarcérations pour des courtes peines ou en tant que mesure d'aménagement de la fin de la peine privative de liberté. À cet égard, on peut citer le cas français où les condamnés à une peine inférieure à un an représentent environ un tiers de la population carcérale[10].

Ainsi, on prétend que la surveillance électronique favorise la réduction des coûts engendrés par les personnes incarcérées, comme dans le cas des États-Unis, où le développement de la « prison domiciliaire » s'est adapté à la logique économique.

En fait, la surveillance électronique est une mesure économique au regard de son coût journalier, estimé à environ quatre fois moins cher que le prix d'une place en prison[11]. Les avantages économiques découlant de la surveillance électronique ont aussi une répercussion indirecte car la personne surveillée continue à être productive, allant même jusqu'à supporter l'indemnisation à la victime ainsi que les dépenses de sa famille, sans oublier la contribution financière que cette personne représente pour le système.

De plus, l'acceptation de la surveillance électronique est justifiée par son potentiel préventif. L'absence de contact entre le condamné et le monde carcéral, ainsi que les avantages provenant du travail et du maintien de la vie sociale et familiale, contribuent à la diminution du risque de récidive. Il est à noter qu'il existe la possibilité de prévoir une peine élevée en cas de récidive.

Dans cette optique, il est fait crédit à la surveillance électronique de réduire les effets délétères de la prison, en évitant l'incarcération, ainsi que de les limiter, en diminuant le temps de présence du condamné dans l'établissement carcéral[12].

---

[10] Jean-Paul Céré, *op. cit.*

[11] Carlos Eduardo Adriano Japiassú, *op. cit.*

[12] Miguel Angel Iglesias Río, Juan Antonio Pérez Parente, *op. cit.*

En ce qui concerne encore les objectifs de resocialisation de la surveillance électronique, il est vrai que le système permet un régime de contrôle individualisé du condamné, le tout en conformité avec les principes de l'individualisation de la peine. Ainsi, l'intensité du contrôle peut être modifiée dans la mesure où l'individu se révèle être digne d'une surveillance moins stricte comme, par exemple, un contrôle uniquement nocturne.

L'on cite également comme facteur de développement de la surveillance électronique la tendance actuelle à vouloir rechercher une plus grande humanisation dans l'exécution des peines privatives de liberté[13].

L'on cite, encore, comme l'une des raisons de l'utilisation de la surveillance électronique, le propre développement de la technologie de l'information, laquelle permet l'opérationnalisation du système au moyen d'une ligne téléphonique, en plus de permettre la réduction de la taille des bracelets électroniques à celle d'une montre-bracelet ou même d'une pièce de monnaie[14].

2. Expériences de surveillance électronique

Comme indiqué précédemment, la mise en œuvre du système de surveillance électronique a commencé aux États-Unis par le développement de projets pilotes, notamment à Washington, en Virginie et en Floride.

En 1984, par exemple, un programme d'assignation à résidence de courte durée associée à la surveillance électronique pour remplacer la peine privative de liberté pour des infractions mineures a surgi à *Palm Beach*, en Floride. En outre, comme c'est le cas actuellement en Espagne, on fait usage de la surveillance électronique dans le cadre de la violence domestique, où l'agresseur porte un dispositif de contrôle pour prévenir de sa proximité de la victime ou de sa présence dans les lieux interdits par le juge[15].

---

[13] Vincenzo Rondinelli, Tracking humans: the electronic bracelet in a Modern World. *Net*, Canadá, 1997. Criminal Lawyers' Association. Disponível em: <http://www.criminallawyers.ca/newslett/aug97/rondinelli.htm>. Acesso em : 20 abr. 2007.

[14] Carlos Eduardo Adriano Japiassú, *op. cit.*

[15] F. G. Rodriguez-Magariños, *op. cit.* p. 62.

L'année suivante, vingt et un états américains avaient déjà adhéré à des programmes de surveillance électronique. En 1986, l'on dénombrait 900 délinquants sous surveillance électronique, si bien que jusqu'en 1988, environ 30 états ont adopté ledit système de surveillance, le nombre de personnes surveillées par voie électronique étant passé à 2 300. En 1992, 45 000 unités de bracelets électroniques ont été louées ou vendus aux États-Unis, tandis que six ans plus tard, 95 000 dispositifs étaient en service, soit une augmentation de 4 200 % en dix ans (1988 à 1998)[16].

Depuis, dans les Etats américains, la méthode est utilisée dans toutes les phases de la procédure pénale, y compris au stade de l'exécution de la peine, ainsi qu'avant le jugement, à destination des délinquants majeurs et mineurs, des coupables de crimes en matière de circulation routière et des toxicomanes[17].

Actuellement, aux États-Unis, la surveillance électronique est largement appliquée, si bien qu'il est relativement difficile d'identifier avec précision les personnes soumises à un système de surveillance électronique. Trois raisons de cette large utilisation sont avancées : la surpopulation carcérale, la violence dans les prisons américaines ainsi que le besoin de trouver des alternatives viables à la prison, car une limite du nombre de détenus dans les maisons de redressement est stipulée[18].

Le programme est associé à la *probation*[19], à la *parole*[20] et aux assignations à résidence, provisoires ou définitives. De plus, c'est une mesure appliquée aux mineurs et aux récidivistes, qui demandent une attention particulière. Tous les ans, 400 000 personnes sont placées sous surveillance électronique. Etant donné que la surveil-

---

[16] *Ibid.* p. 62-63.

[17] Carlos Eduardo Adriano Japiassú, *op. cit.*

[18] Vincenzo Rondinelli, *op. cit.*

[19] Alternativa ao cárcere que compreende vigilância, tratamento reeducador e supervisão. A instrução é realizada, reconhecendo-se a culpabilidade do infrator e suspendendo a prolatação da sentença condenatória. O acusado é colocado sob vigilância, sem necessidade de encaminhamento à prisão, para cumprir as condições impostas.

[20] Modalidade de liberdade condicional que pode ser aplicada a sentenças indeterminadas ou com pena de prisão determinada, submetendo o infrator à vigilância e assistência. O condenado é liberado por bom comportamento antes que atinja o período completo de condenação estabelecido na sentença e, uma vez submetido à *parole*, deve cumprir as obrigações do regime, sempre sob supervisão.

lance dure, en général, trois ou quatre mois, ce sont 100 000 personnes par mois qui se trouvent placées sous surveillance électronique ; laquelle est associée, en général, à un suivi socio-éducatif[21].

Ainsi, il ne s'agit pas seulement d'un instrument de contrôle puisque le programme est associé à un travail de rééducation. Les destinataires de la mesure évitant l'incarcération sont sélectionnés en fonction des infractions commises et de leur profil psychologique, les auteurs de crimes sexuels et violents étant exclus[22].

En Europe, l'Angleterre et le Pays de Galles furent les pionniers en 1989, suivis par la Suède, en 1994, et les Pays-Bas en 1995[23]. En mars 2003, près de 9 200 participants étaient déjà inclus tous les jours dans de programmes de surveillance électronique sur ce continent[24].

Bien que l'Angleterre et le Pays de Galles aient adopté des programmes expérimentaux en 1989, ce ne fut qu'avec le *Criminal Justice Act* de 1991 que le système a été introduit dans la législation de ces deux pays. Les *curfew orders* avec surveillance électronique, c'est à dire, des ordres qui empêchent ou déterminent la permanence du condamné dans un endroit donné, pouvaient être appliquées séparément ou combinés à une prestation de services à la communauté[25]. Il s'agit donc d'une mesure visant à empêcher l'augmentation de la population carcérale au moment du prononcé de la sentence de condamnation[26], dont l'utilisation fut amplifiée en 1997 par le *Crime Sentences Act*.

En 1999, le programme *Home Detention Curfew* fut mis en place. Il avait pour but de faciliter la transition des prisonniers vers la communauté en les relâchant de la prison deux mois avant la date

---

[21] Jean-Paul Céré, *op. cit.*
[22] Ibid.
[23] Ibid.
[24] Fábio André Silva Reis, Monitoramento eletrônico de prisioneiros (as): breve análise comparativa entre as experiências inglesa e sueca. *Net*, Salvador, 2004. Disponível em: <http://www.mj.gov.br/depen/publicacoes/cibercon.pdf>. Acesso em: 20 maio 2007.
[25] Ibid.
[26] Essa medida se insere na vertente *front-door* da vigilância eletrônica.

préalablement établie, à condition qu'ils fussent contrôlés électroniquement au cours de cette période[27].

L'utilisation de la surveillance électronique se développa tellement que les mineurs à partir de 12 ans et les récidivistes de crimes sexuels commencèrent à porter le bracelet[28].

Entre septembre 2004 et juin 2006, un programme expérimental de surveillance par satellite[29] (en utilisant, dans certains cas, la technologie des téléphones portables), avec pour objectif de mettre en place le système comme une option à l'incarcération a été effectué dans trois villes anglaises : *Greater Manchester*, *Hampshire* et *West Midlands*. Le test concernait des condamnés à des crimes violents, sexuels et domestiques, ainsi qu'avec des délinquants qui avaient un très long casier judiciaire, connus en tant que multirécidivistes.

Dans ce cas, un bracelet électronique mis à la cheville et un dispositif portable qui recevait les signaux du *Global Positioning System* (GPS) ont été utilisés. La surveillance était faite sur la base d'informations relatives à la présence de condamnés dans les zones d'exclusion surveillées électroniquement ou à leurs déplacements dans n'importe quelle localité, et dans certains cas, ces informations étaient fournies conjointement.

Bien qu'il n'y ait eu, entre septembre 2004 et décembre 2005, que vingt cas de surveillance électronique imposés par sentence, les juges qui participèrent à l'expérience ont exprimé des opinions favorables à l'extension de la mesure. Il a été conclu que la surveillance par satellite peut offrir une meilleure protection à la société contre les délinquants multirécidivistes.

En Suède, l'expérience de la surveillance électronique a commencé en août 1994 en tant que solution alternative à l'incarcération[30], s'étendant dans le reste du pays en 1997. Utilisée pour remplacer l'exécution de peines privatives de liberté de courte durée, inférieures ou égales à trois mois, la mesure est appliquée à

---

[27] Consistiu a medida em um nítido exemplo do esquema *back-door*, em que o preso é extraído do sistema penitenciário após ter cumprido parte da pena privativa de liberdade.

[28] Carlos Eduardo Adriano Japiassú, *op. cit.*

[29] Stephen Shute, *Satellite tracking of offenders*: a study of the pilots in England and Wales. England and Wales : Ministry of Justice, 2007.

[30] Estabeleceu-se, na Suécia, a vigilância eletrônica na vertente *front-door*.

ceux qui ont une adresse fixe et une ligne de téléphone. De plus, les candidats à la surveillance doivent continuer à suivre leurs études ou exercer une activité professionnelle, en plus de contribuer financièrement au programme[31].

L'objectif est fréquemment celui d'atteindre les individus reconnus coupables d'usage de drogues ou de conduite sous l'influence d'une boisson alcoolique. En ce sens, les individus surveillés ont l'obligation de participer à des cours sur la citoyenneté et la dépendance chimique, en plus de l'abstinence totale tant qu'ils purgent leur peine[32]. Les condamnés pour des crimes sexuels et violents sont exclus.

Depuis 1994, 17 000 peines privatives de liberté ont été remplacées par la surveillance électronique, et 10 prisons avec une capacité de 400 détenus ont été fermées dans le pays. De plus, depuis 2001, on commença à permettre que des condamnés à des peines supérieures à deux ans pour trafic de drogue, fraude et évasion fiscale puissent voir les quatre derniers mois de leur incarcération remplacés par une surveillance électronique[33].

Aux Pays-Bas,[34] le projet expérimental a commencé en 1995 et, en 2000, le Ministère de la Justice annonça son intention de poursuivre le programme, prévoyant même son imposition pendant l`exécution de la peine. Le gouvernement local a recherché à faire valoir le potentiel de la surveillance électronique en tant que substitut des peines d'emprisonnement imposées à des détenus dont le temps de prison était presque terminé, ainsi qu'à des personnes qui, en raison de leurs parcours judiciaire, ne pouvaient plus bénéficier de mesures de substitution à l'incarcération tels que les travaux communautaires. Il a été conclu que la mesure de surveillance électronique d'assignation à résidence présente pour avantage de permettre à la personne surveillée de poursuivre ses activités telles que son travail et ses études.

---

[31] Jean-Paul Céré, *op. cit.*

[32] Ibid.

[33] Percebe-se, mais uma vez, a utilização da variante *back-door* da vigilância eletrônica. Fábio André Silva Reis, *op. cit.*

[34] Luc Mampaey, Jean Philippe Renaud, Prison technologies: an appraisal of technologies of political control. *Net*, Luxembourg, July 2000. Disponível em: <http://www.grip.org/bdg/pdf/g1772.pdf>. Acesso em: 10 août. 2007.

Aux Pays-Bas, les bracelets électroniques sont utilisés pour remplacer les peines de prison de courte durée, et des programmes prévoient leur utilisation en cas de probation, ainsi que pour purger le reste d'une peine d'emprisonnement sous un régime de surveillance[35].

En France, la surveillance électronique a été introduite par la loi du 19 décembre 1997[36]. Les objectifs invoqués pour justifier la mise en place de cette mesure étaient la lutte contre la surpopulation carcérale, la possibilité d'éviter les effets néfastes de la désocialisation de l'incarcération, ainsi que la promotion d'une individualisation de la peine[37].

Une loi du 15 juin 2000 a étendu la mesure à des cas de détention préventive, alors que la loi du 9 septembre 2002 a supprimé cette possibilité pour déterminer l'utilisation de la surveillance électronique à titre de contrôle judiciaire et d'imposition de la peine par le tribunal. De son côté, la loi du 12 décembre 2005, qui concerne la prévention de la récidive, a introduit un nouveau type de surveillance électronique, la surveillance électronique mobile, qui implique l'utilisation de *Global Positioning System* (GPS). Cette loi vise notamment à prévenir la récidive pour les délinquants dangereux, qualifiant ce mode de surveillance de mesure de sûreté[38].

En tant que suivi socio-judiciaire, la surveillance électronique mobile ne peut être appliquée qu'à des criminels majeurs condamnés à une peine d'emprisonnement d'une durée égale ou supérieure à sept ans. Dans le cas de la surveillance judiciaire, elle peut être imposée à des personnes condamnées à une peine d'emprisonnement d'une durée égale ou supérieure à dix ans. Dans le cas d'une liberté conditionnelle, il est exigé une condamnation pour laquelle le suivi socio-judiciaire a été établi. De plus, la surveillance électronique mobile ne peut être utilisée que pour qu'un condamné à une peine

---

[35] Miguel Angel Iglesias Iglesias Río, Juan Antonio Pérez Pérez Parente, *op. cit.*

[36] J.P. Céré, *As novas tecnologias a serviço do direito penal : monitoramento eletrônico estático e móvel* ; Carlos Eduardo Adriano Japiassú, *Monitoramento eletrônico : uma alternativa à prisão? Experiências internacionais e perspectivas no Brasil.* Brasília: Ministério da Justiça, 2008, p. 91.

[37] Luc Mampaey, Jean.Philippe Renaud, *op. cit.*

[38] Jean-Paul Céré, *op. cit.* p. 91.

supérieure ou égale à dix ans, quand il lui reste trois ans ou plus à purger[39].

En Italie, l'assignation à résidence avec surveillance électronique comme alternative à la détention provisoire a été introduite en 2001 en tant qu'option au lieu de purger la peine privative de liberté en prison. Au Portugal, on utilise le bracelet électronique comme alternative à la détention provisoire, après avoir initié en 2003, un projet pilote qui vise à étendre la surveillance électronique pour remplacer les peines de prison de courte durée. En Allemagne, la surveillance électronique présente trois volets : elle est associée à l'assignation à résidence en tant que forme particulière d'exécution pénale, elle constitue une nouvelle modalité de peine dans le cadre de la probation et configure une option pour la détention provisoire[40].

En Belgique[41], en 1996, un ensemble de mesures visant à réduire la population carcérale a été approuvé. Ainsi, il a été annoncé la construction de nouvelles prisons et l'expérimentation de l'assignation à résidence avec surveillance électronique en tant que solution intermédiaire entre l'incarcération et d'autres mesures plus traditionnelles. En 1999, la surveillance électronique a été présentée comme un moyen de contrôler la présence du condamné dans certains endroits et à des moments préétablis et aussi comme une alternative à la privation de liberté. Les objectifs étaient de moderniser la politique pénitentiaire, de restaurer des dommages incidents survenus dans les relations entre le délinquant, sa victime et la société, ainsi que de limiter les dommages résultant de la privation de liberté.

Selon l'expérience belge, les récidivistes ont été placés sous surveillance permanente au moyen d'un bracelet électronique attaché à la cheville, alors que ceux condamnés pour la première fois étaient soumis à un système de contrôle aléatoire de reconnaissance vocale par téléphone.

Le système, qui s'est généralisé en 2000, prévoit l'application de la mesure à des détenus condamnés à des peines privatives de liberté qui permettent une liberté conditionnelle ou dont la somme ne dépasse pas trois ans. En 2001, une circulaire du Ministère de la Justice

---

[39] *Ibid.* p. 94.

[40] Miguel Angel Iglesias Río, Juan Antonio Pérez Parente, *op. cit.*

[41] Luc Mampaey, Jean-Philippe Renaud, *op. cit.*

prévoit l'extension de la surveillance électronique en tant que modalité d'exécution de la peine à d'autres cas[42].

En Espagne, il faut souligner l'utilisation de la surveillance électronique dans le contexte de la violence domestique. En effet, la législation espagnole prévoit l'utilisation d'équipements électroniques pour vérifier que l'agresseur se conforme aux dispositions imposées par le juge et qu'il n'approche pas ou qu'il n'entre en contact avec la victime ainsi qu'il ne fréquente pas d'endroits donnés. Dans ce cas, un équipement est installé dans la maison de la victime, relié à une ligne téléphonique, lequel envoie une alarme à la police si le contrevenant ne respecte pas l'ordre de rester à une certaine distance de la personne agressée.

L'expérience argentine a commencé en 1997 lorsque le gouvernement de la province de Buenos Aires a annoncé l'implantation d'un programme de contrôle d'assignation à résidence au moyen de la surveillance électronique, bien que la loi de procédure pénale en vigueur à l'époque ne permettait pas cette possibilité. Cependant, en 1998, le nouveau Code de Procédure Pénale de Buenos Aires (Loi 11.922) est entré en vigueur et prévoyait à l'article 159, l'utilisation de la surveillance électronique comme alternative à la détention provisoire et, à l'article 163, plus spécifiquement, l'assignation à résidence sous surveillance électronique comme atténuation aux mesures de contrainte[43].

Le programme de surveillance a été pensé dans un premier temps pour des cas de crimes commis sans violence. Il a ensuite été étendu aux hypothèses d'assignation à résidence pour des condamnés d'un âge avancé ou pour des personnes atteintes de maladies graves ainsi qu'au remplacement des peines de courte durée ou de garde à vue dont le séjour a dépassé la limite de temps raisonnable[44].

---

[42] Jean-Paul Céré, La Surveillance Électronique : une réelle innovation dans le procès penal? *Net*, Rio de Janeiro, 8 jun. 2006. Revista da Faculdade de Direito de Campos, ano VII, nº. 8. Disponível em:
<http://www.fdc.br/Arquivos/Mestrado/Revistas/Revista08/Artigos/JeanCere.pdf>. Acesso em: 10 out. 2007.

[43] Gustavo Garibaldi, *Prisão domiciliar controlada mediante monitoramento eletrônico: aplicação prática.*; Carlos Eduardo Adriano Japiassú, *Monitoramento eletrônico: uma alternativa à prisão? Experiências internacionais e perspectivas no Brasil.* Brasília: Ministério da Justiça, 2008, p. 135-136.

[44] *Ibid.* p. 4-5.

Le gouvernement de Buenos Aires a implanté, en plus d'un système qui surveille la présence de la personne surveillée dans sa résidence en faisant usage d'un bracelet électronique à la cheville et d'une ligne téléphonique fixe, celui de la vérification de la voix qui permet de vérifier si la personne est à un endroit donné à un moment donné, ainsi que le suivi, par lequel une alarme retentit si la personne surveillée pénètre dans les zones d'exclusion précédemment établies[45].

Depuis que la technologie est devenue disponible sur une échelle commerciale, l'utilisation de la surveillance électronique s'est fortement développée et de façon continue. Son utilisation se propage dans le monde entier, motivée principalement par le besoin d'alternatives à la surpopulation carcérale et à la réduction des coûts de l'administration pénitentiaire.

Au Brésil, initialement, des lois étatiques sur la surveillance électronique ont été approuvées, telles que par exemple, la loi de l'État de São Paulo n° 12906/08.

Au niveau fédéral, comme indiqué ci-dessus, la loi nº 12258/2010 est entrée en vigueur. Elle a modifié le Code Pénal et la Loi d'Exécution Pénale pour permettre l'utilisation d'un équipement de surveillance indirect par le condamné. Cette loi prévoit les hypothèses dans lesquelles la surveillance électronique peut être mise en place, à savoir celles où la surveillance sur les personnes qui sont hors de la prison doit être renforcée. Ainsi, le modèle brésilien, principalement, ne cherche pas à éviter l'incarcération, mais à augmenter le contrôle pénal sur les individus.

D'après l'article 122 de la Loi d'Exécution Pénale, même dans les cas d'absence de surveillance directe, il sera possible de placer le condamné sous surveillance électronique quand il existe une ordonnance de la cour. Ceci démontre une augmentation du contrôle pénal de la part de l'État et non le respect des objectifs de la mesure (réduction des coûts et diminution du nombre de détenus).

En 2011, avec la Loi n° 12.403, l'on prévoyait la possibilité de remplacer la détention provisoire par la surveillance électronique.

[45] *Ibid*. p. 6-8.

Aujourd'hui, elle est utilisée dans plus de 30 pays sur tous les continents - Afrique du Sud, Allemagne, Andorre, Anguilla, Argentine, Australie, Autriche, Belgique, Bermudes, Brésil, Bulgarie, Canada, Catalogne, Singapour, Colombie, Corée du Sud, Danemark, Écosse, Espagne, États-Unis, Estonie, France, Pays-Bas, Îles Caïmans, Îles Vierges, Îles Vierges britanniques, Angleterre, Israël, Luxembourg, Mexique, Norvège, Nouvelle-Zélande, Pays de Galles, Panama, Pérou, Pologne, Portugal, Royaume-Uni, République Dominicaine, Serbie, Suède, Suisse, Taiwan, Thaïlande, Trinité-et-Tobago, îles Turques-et-Caïques - dans lesquels elle a été incorporée à la liste des mesures de substitution pénale ou, pour le moins, est devenue l'objet de projets expérimentaux. Son expansion doit beaucoup aux expériences comparées, initialement circonscrites à certaines régions, et ensuite, étendues à une échelle nationale, pour enfin être étendues à d'autres domaines.

L'étude des systèmes juridiques comparés, permet de rencontrer un certain nombre d'applications pour la surveillance électronique : substitut ou mesure auxiliaire à la détention provisoire ; mesure d'exécution pénale, dans le cas de peines alternatives à la prison, au moment de l'autorisation et de la permission de sortie, applicable en cas de régimes fermés et semi-ouverts, en cas de suspension conditionnelle du procès, de sursis et de liberté conditionnelle; mesure appliquée à des mineurs; mesure de protection dans les cas de violence domestique, pour ne citer que quelques exemples.

Selon les statistiques de l'International Centre for Prison Studies (ICPS), la population carcérale mondiale est aux alentours de 10 millions de personnes[46], condamnés et prévenus confondus, et sa croissance exponentielle est la question la plus complexe rencontrée par les systèmes pénitentiaires de tous les pays, quel que soit leur stade de développement humain et économique.

Des 191 nations étudiées, environ 60 % doivent faire face au surpeuplement de leurs établissements pénitentiaires et centres de détention. Dans de nombreux pays - Bénin, Philippines, Iran, Burundi, Soudan, Salvador, Mozambique, Bangladesh, Kenya, Antigua et Bar-

---

[46] International centre for prison studies, Prison Population Totals. London: ICPS/University of Essex. Disponível em <http://www.prisonstudies.org/info/worldbrief/wpb_stats.php?area=all&category=wb_poptotal> Acesso em 11 set. 2012.

bade, Mayotte, Sri Lanka, Mali, Malawi, Côte d'Ivoire, Ouganda, Saint-Vincent et Grenade, Saint-Christophe-et-Niévès, Népal, Zambie et Nouvelle-Calédonie - le taux de surpopulation est supérieur à 200 %, tandis qu'en Haïti, ce chiffre atteint 335 %[47].

Pourtant, les études statistiques pénitentiaires des pays qui adoptent le placement sous surveillance électronique ne permettent pas de trouver de données convaincantes démontrant une réduction de la population carcérale après l'adoption de systèmes de surveillance électronique de détenus.

3. Place et effets de la surveillance électronique dans le monde

La surveillance électronique n'est pas à l'abri des critiques. Cependant, un doute est créé si la mesure aide vraiment à une réduction de la surpopulation carcérale et des coûts résultant de l'incarcération et si elle est un frein effectif aux risques de récidives.

Quant à la question relative à la réduction effective de la surpopulation carcérale permise par la surveillance électronique, tel que mentionné ci-dessus, il n'existe en revanche aucune démonstration concrète de cet effet.

Il semble que le placement sous surveillance électronique a pour fonction d'améliorer l'administration du flux carcéral, en réduisant le nombre d'entrées dans le système pénitentiaire ou en permettant une sortie anticipée de prison pour celui qui a déjà purgé une partie de la peine.

Un autre point à mentionner concerne la réduction des coûts que peut représenter l'adoption du placement sous surveillance électronique en lieu et place de la prison. Une telle affirmation doit être analysée avec prudence, compte tenu du fait que les dépenses ne sont pas limitées aux montants consacrés à la technologie mise en œuvre. Les coûts fixes d'entretien des établissements pénitentiaires déjà construits, le salaire des agents de l'administration pénitentiaire, ainsi que de ceux spécialisés dans le nouveau système doivent être pris en compte.

---

[47] Interenational centre for prison studies, Occupancy rates. London: ICPS/ University of Essex. Disponível em http://www.prisonstudies.org/info/worldbrief/wpb_stats.php?area=all&category=wb_occupancy> Acesso em 10 jun. 2013.

Dans le même temps, il n'y aura une réduction des coûts que si le placement sous surveillance électronique remplace véritablement l'incarcération. S'il accentue le contrôle pesant sur les individus qui auraient été de toute façon maintenus en liberté, il entraîne, au contraire, une augmentation des coûts au lieu de les diminuer.

Une autre critique revient à considérer que la mesure n'est dotée que d'un caractère rétributif, laissant de côté les finalités préventives d'intimidation. À cet égard, l'utilisation de bracelets électroniques n'engendrerait pas chez les individus la conscience de l'importance du respect des valeurs protégées par les normes de droit pénal. Les statistiques faisant état du peu d'échec des placements sous surveillance électronique s'expliqueraient par les caractéristiques des personnes soumises au programme lui-même et non à son efficacité.

Il est également possible de souligner que la surveillance électronique implique une intrusion dans la sphère privée du condamné et des membres de sa famille, portant atteinte aux droits fondamentaux tels que le droit à la vie privée, à l'intimité, à l'inviolabilité de domicile et à la liberté de mouvement. Ce scénario peut être aggravé lorsque ce sont des entreprises privées qui sont responsables de la surveillance des condamnés.

Enfin, une mise en garde doit être faite sur l'utilisation de la surveillance électronique consistant en l'augmentation du réseau de contrôle social, un phénomène dénommé par la doctrine étrangère de *net-widening effect*.[48] Ainsi, le programme de surveillance soumet un plus grand nombre de personnes au contrôle exercé par le système de justice pénale, ce qui représente dans certains cas une recrudescence des exigences pour certains avantages pénaux - tels que la probation et la liberté conditionnelle - ou encore une aggravation des peines imposées - comme c'est le cas pour la peine restrictive de droits ou l'assignation à résidence associées à l'utilisation du bracelet électronique.

Cela veut dire que la surveillance électronique ne peut pas être uniquement appliquée à ceux qui ont déjà le droit d'être à l'extérieur du milieu carcéral, car cela signifierait simplement l'intensification du système de contrôle. Il semble indispensable, afin que l'on puisse atteindre l'objectif prévu, que soient augmentés les cas dans lesquels

---

[48] Vincenzo Rondinelli, *op. cit.*

il est possible que l'individu soit maintenu hors de la prison, que ce soit pendant le procès ou pendant l'exécution de la peine privative de liberté.

Conclusion

Le placement sous surveillance électronique est considéré comme étant une mesure intéressante pour faire face à la crise traversée par les systèmes pénaux, en particulier en tant que mesure pour lutter contre la surpopulation carcérale.

Il s'avère qu'un tel résultat ne peut pas être facilement constaté. Tout au contraire, il existe une tendance fréquente dans le monde à l'augmentation de la population carcérale. Ainsi, le placement sous surveillance électronique peut être vu aujourd'hui, plus comme une mesure parmi d'autres permettant de sanctionner les conduites criminelles, en même temps qu'il augmente le contrôle pénal.

Une fois pour toutes, l'adoption du placement sous surveillance électronique, afin de pouvoir répondre aux objectifs affichés, doit se évoluer pour devenir une alternative efficace à la prison et non pas une alternative à la liberté.

Enfin, il est toujours bon de souligner que la surveillance n'est pas un remède à tous les maux du système pénal, et l'on ne peut espérer qu'une mesure quelconque puisse avoir cette efficacité. Elle ne doit être qu'une mesure de plus pour rendre le système pénal plus humain et tenter de se rapprocher des objectifs recherchés, en particulier en ce qui concerne la réinsertion sociale.

Modalités et pratiques actuelles de la surveillance électronique au Canada

Julie DESROSIERS

Professeure à la Faculté de droit, Université Laval

1. Introduction

Au Canada, la surveillance électronique a été utilisée pour la première fois en 1987, en Colombie-Britannique[1]. Le pays était aux prises avec un taux d'incarcération alarmant, en tête de liste des démocraties occidentales, et les autorités correctionnelles de la province voulaient favoriser la libération de certains détenus, tout en réduisant les risques pour la sécurité publique. D'autres provinces se sont inspirées de l'expérience de la Colombie-Britannique pour lancer des initiatives similaires, avec l'espoir de réduire leur population carcérale. La Saskatchewan a toutefois ouvert de nouvelles perspectives en 1990, en permettant aux juges d'ordonner la surveillance électronique à titre de condition obligatoire d'une peine communautaire[2]. Jusque-là, la surveillance électronique avait plutôt été imposée par les autorités correctionnelles, et non par les tribunaux judiciaires.

Aujourd'hui, dans la grande majorité des provinces canadiennes disposant d'un programme de surveillance électronique, ce sont les juges, et non pas les autorités correctionnelles, qui l'ordonnent. Nous dirons donc avec d'autres qu'au Canada, la surveillance électronique est passée du champ correctionnel au champ judiciaire[3].

Ce passage est largement tributaire de la création d'une nouvelle modalité punitive, en 1996 : l'emprisonnement avec sursis[4]. Créé

---

[1] Suzanne WALLACE-CAPRETTA et Julian ROBERTS, « The evolution of electronic monitoring in Canada. From corrections to sentencing and beyond », dans Mike NELLIS, Kristel BEYENS et Dan KAMINSKI (dir.), *Electronically Monitored Punishment. International and critical perspectives*, Londres, Routledge, 2013, p. 44, à la page 46. Voir également Pierre LANDREVILLE, « La surveillance électronique des délinquants : un marché en expansion », (1999) 23 *Déviance et société* 105, 106, qui documente la croissance du programme.

[2] James BONTA, Jennifer ROONEY et Suzanne WALLACE-CAPRETTA, *La surveillance électronique au Canada*, Ottawa, Solliciteur général du Canada, 1999, p. 22.

[3] S. WALLACE-CAPRETTA et J. ROBERTS, préc., note 1, à la page 46.

[4] *Code criminel*, L.R.C. 1985, c. C-46, art. 742.1.

dans le but de réduire le taux d'incarcération canadien[5], l'emprisonnement avec sursis devait offrir une alternative valable à la prison en comblant le fossé laissé vacant entre la peine d'emprisonnement et la probation. L'ordonnance d'emprisonnement avec sursis, plus sévère que l'ordonnance de probation, devait donc comprendre des conditions d'assignation à domicile[6], d'où un regain d'intérêt pour les techniques de surveillance électronique.

Il est vrai qu'au départ, les conditions d'application de l'emprisonnement avec sursis étaient assez souples (quoique l'absence de risque pour la sécurité publique ait toujours prévalu)[7], de sorte qu'il pouvait sembler pertinent d'instaurer des mécanismes supplémentaires de gestion des risques dans la communauté. En effet, l'emprisonnement avec sursis était susceptible de s'appliquer dans un grand nombre de situations, à l'égard de plusieurs profils de délinquants. La Cour suprême du Canada avait, par exemple, confirmé son application en matière d'homicide involontaire coupable[8] ou d'agression sexuelle[9]. Dans ce contexte juridique, les programmes provinciaux de surveillance électronique auraient pu permettre à certains délinquants, qui auraient autrement été incarcérés, de demeurer dans la communauté. Mais la peine d'emprisonnement avec sursis est aujourd'hui beaucoup moins accessible qu'au moment de sa création, en 1996. L'arrivée d'un gouvernement conservateur a considérablement modifié le paysage législatif en matière pénale et criminelle au Canada. La plate-forme électorale du parti conservateur misait sur l'ordre et la sécurité, en promettant de faire la vie dure aux criminels. Une fois élu, le gouvernement a tenu parole en adoptant une série de mesures punitives, dont, notamment, un resserrement considérable des conditions d'octroi du sursis[10]. Dans ce nouveau

---

[5] *R.* c. *Gladue*, [1999] 1 R.C.S. 688, par. 40.
[6] *R.* c. *Proulx*, [2000] 1 R.C.S. 61, par. 36.
[7] Au moment de sa création, en 1996, l'emprisonnement avec sursis pouvait être prononcé lorsque les trois conditions suivantes étaient réunies : a) l'infraction perpétrée n'était pas greffée d'une peine minimale d'emprisonnement; b) le délinquant avait été condamné à un emprisonnement de moins de deux ans; c) le recours à cette disposition ne mettait pas en danger la sécurité de la collectivité. Aucune infraction n'était exclue du champ d'application de cette mesure.
[8] *R.* c. *Gladue*, préc., note 5.
[9] *R.* c. *L.F.W.*, [2000] 1 R.C.S. 132; *R.* c. *R.N.S.*, [2000] 1 R.C.S. 149; *R.* c. *R.A.R.*, [2000] 1 R.C.S. 163.
[10] Comme l'indique l'art. 742.1 du *Code criminel*, plusieurs infractions sont désormais exclues du champ d'application de l'emprisonnement avec sursis, notamment celles

paysage législatif, où les peines intermédiaires sont de plus en plus difficiles à obtenir, la surveillance électronique pourrait paraître superflue. Elle demeure toutefois disponible dans cinq provinces canadiennes et le Québec, traditionnellement hostile à son égard, songe lui aussi à l'intégrer dans ses pratiques.

Malgré le resserrement des conditions d'octroi de l'emprisonnement avec sursis, les programmes provinciaux de surveillance électronique demeurent orientés vers la réduction du taux d'incarcération. Les dernières initiatives fédérales investissent toutefois la surveillance électronique d'un nouvel objectif, soit celui de contrôler plus étroitement les détenus sous juridiction fédérale qui sont relâchés dans la communauté, non pas pour permettre à un plus grand nombre d'entre eux d'être libérés (ce dont il n'est aucunement question), mais pour mieux protéger la sécurité publique. Pour la première fois dans son histoire, le Canada est donc sur le point de surveiller électroniquement les détenus fédéraux en libération conditionnelle.

La première partie de ce texte étudie les expériences provinciales en matière de surveillance électronique. Les visées du gouvernement fédéral, qui a récemment modifié la *Loi sur le système correctionnel et la mise en liberté sous condition*[11] pour permettre la surveillance électronique des détenus sous sa juridiction, intéressent la deuxième partie. Les repères juridiques nécessaires à la compréhension du propos parsèment la lecture.

2. Les pratiques provinciales de la surveillance électronique

Le Canada, immense pays qui s'étend de l'Atlantique au Pacifique, compte dix provinces[12] et trois territoires[13]. Pour bien saisir le contexte juridique dans lequel s'insèrent les expériences provinciales de surveillance électronique, il convient d'expliquer quelles sont les

---

qui sont poursuivies par mise en accusation et qui sont également des infractions de trafic de drogues, agression sexuelle, harcèlement criminel, vol de plus de 5000$, introduction par effraction et ainsi de suite.

[11] Loi sur le système correctionnel et la mise en liberté sous condition, L.C. 1992, c. 20, récemment modifiée par la Loi sur la sécurité des rues et des communautés, L.C. 2012, c. 1.

[12] De l'est (région de l'Atlantique) à l'ouest : Terre-Neuve-et-Labrador, Île-du-Prince-Édouard, Nouveau-Brunswick, Nouvelle-Écosse, Québec, Ontario, Manitoba, Saskatchewan, Alberta, Colombie-Britannique.

[13] Nunavut, Territoires du Nord-Ouest et Yukon.

responsabilités respectives des provinces et du gouvernement fédéral en la matière.

Le régime fédératif canadien repose sur le partage de compétences législatives établi par la *Loi constitutionnelle de 1867*, qui confie la compétence en matière de droit criminel au gouvernement fédéral et la compétence en matière d'administration de la justice aux gouvernements provinciaux[14]. Le Parlement fédéral est donc responsable de la création des infractions criminelles et des peines qui les sanctionnent, alors que les provinces régissent leur application. Le Parlement fédéral n'a pas fait de la surveillance électronique une peine à part entière, mais deux peines communautaires pourraient, elles, être assorties d'une condition de surveillance électronique : la probation et l'emprisonnement avec sursis. La Cour suprême du pays a clairement indiqué qu'une ordonnance d'emprisonnement avec sursis devait comporter des conditions plus restrictives qu'une ordonnance de probation, telles la détention à domicile et l'imposition d'un couvre-feu, de sorte que la surveillance électronique s'y greffe plus naturellement[15]. Quoiqu'il en soit, ce sont les provinces, à titre de responsables de l'administration de la justice, qui établissent les programmes de surveillance électronique qui pourront être imposés par le juge à titre de condition d'une peine communautaire.

La surveillance électronique n'est pas toujours ordonnée par un juge, toutefois. Elle peut également intégrer le champ correctionnel pour assurer la surveillance des détenus relâchés dans la communauté avant l'expiration de leur terme d'emprisonnement. Ici encore, quelques explications sur la spécificité canadienne permettront de saisir les responsabilités respectives des administrations correctionnelles fédérale et provinciales. Au Canada, l'administration des peines carcérales relève des deux paliers gouvernementaux : les prisons provinciales détiennent les personnes qui ont été condamnées à un terme de deux ans moins un jour, alors que les pénitenciers fédéraux détiennent celles qui ont été condamnées à un terme de

[14] *Loi constitutionnelle de 1867*, 30 & 31 Vict., c. 3 (R.-U.), reproduite dans L.R.C. 1985, app. II, nº 5, art. 91 et 92.

[15] *R.* c. *Proulx*, préc., note 6, par. 36.

deux ans ou plus[16]. Les autorités correctionnelles provinciales seraient donc responsables de la libération anticipée des personnes condamnées à des termes de moins de deux ans, et les autorités correctionnelles fédérales s'intéresseraient aux délinquants ayant reçu des sentences d'incarcération plus longues.

Selon nos informations, cinq provinces font appel à des techniques de surveillance électronique dans la gestion des peines : la Colombie-Britannique, la Saskatchewan, l'Ontario, la Nouvelle-Écosse et le Manitoba[17]. Les territoires et les provinces de l'Île-du-Prince-Édouard et du Nouveau-Brunswick demeurent étrangers à cette nouvelle forme de surveillance, alors que le Québec, traditionnellement hostile à son égard, songe à implanter un projet pilote au cours des prochains mois. Notons également que l'Alberta, de même que la province de Terre-Neuve-et-Labrador, ont toutes deux fait l'expérience de la surveillance électronique durant quelques années, avant d'abolir leurs programmes l'année dernière en raison de restrictions budgétaires[18]. Les lignes qui suivent proposent un bref

---

[16] *Code criminel*, art. 743.1. Pour de plus amples explications, voir Hugues PARENT et Julie DESROSIERS, *Traité de droit criminel*, t. 3, « La peine », Montréal, Thémis, 2012, p. 356-359.

[17] L'utilisation de la surveillance électronique n'est pas documentée de manière systématique au Canada. Il est difficile d'obtenir des données récentes, la dernière étude canadienne des programmes de surveillance électronique datant de 1999 : J. BONTA, J. ROONEY et S. WALLACE-CAPRETTA, préc., note 2. Le rapport du COMITÉ PERMANENT DE LA SÉCURITÉ PUBLIQUE ET NATIONALE, *Une étude sur la surveillance électronique dans les domaines correctionnel et de l'immigration*, Ottawa, Chambre des communes, septembre 2012, p. 2, se contente d'une brève mention suivant laquelle « sept provinces canadiennes opèrent un programme de surveillance électronique. Bien que certains de ces programmes soient relativement petits et comptent moins de 35 individus, [...] celui de l'Ontario compte près de 230 délinquants. » Nous avons donc décidé de documenter nous-mêmes les pratiques de surveillance électronique en communiquant directement avec les ministères provinciaux concernés au mois de février et mars 2014 ; d'où les données transmises dans le cadre de ce texte.

[18] Alberta : Le programme pilote, institué en 2005 à la suite d'une recommandation des services correctionnels, se limitait à la région d'Edmonton et visait les détenus condamnés à des peines d'emprisonnement intermittentes. La province albertaine utilisait le même matériel que sa voisine, la Colombie-Britannique (bracelet inamovible à la cheville à émission radio). Le projet pilote avait donné de bons résultats et avait été étendu à d'autres détenus ayant obtenu leur libération sous condition d'assignation à domicile (« House Arrest Temporary Absence » suivant la législation provinciale en vigueur), puis à certains sursitaires et probationnaires. Au moment de sa terminaison, en juillet 2013, le programme de surveillance électronique de l'Alberta pouvait compter jusqu'à 100 participants. Terre-Neuve-et-Labrador : Crée en 1994, le programme de Terre-Neuve avait d'abord ciblé des délinquants non violents, présentant un risque

survol des programmes de surveillance électronique actuellement en vigueur au pays. Ce survol s'amorce avec la Colombie-Britannique, première province à avoir fait l'expérience de la surveillance électronique en 1987, pour se terminer avec le Manitoba, qui fraye avec cette pratique depuis 2008.

Colombie-Britannique

Le projet pilote instauré en 1987 en Colombie-Britannique s'adressait à des personnes condamnées à de courtes peines de détention et devait permettre aux autorités correctionnelles de les relâcher plus rapidement dans la communauté, en liberté surveillée[19]. En 1992, le programme de surveillance électronique était utilisé à travers toute la province et à la fin des années 1990, il comptait entre 250 et 350 participants par jour, ce qui en faisait le plus important programme au pays[20].

Le programme de surveillance électronique de la Colombie-Britannique a été évalué en 1999 par une équipe de chercheurs du Solliciteur général du Canada, qui a conclu à un élargissement du filet pénal. Selon ces chercheurs, cet élargissement était largement attribuable au processus de sélection des candidats : seuls les délinquants à faible risque étaient admis, de sorte qu'ils auraient pu être relâchés dans la communauté de toute façon, surveillance électronique ou pas[21].

Aujourd'hui, la surveillance électronique n'est plus prescrite par les autorités correctionnelles de la Colombie-Britannique[22]. Elle est

---

moyen de récidive, qui étaient incarcérés dans une prison locale et avait obtenu une permission de sortir assortie d'une condition de surveillance électronique. La surveillance était assurée au moyen d'un bracelet inamovible à la cheville comportant un émetteur radio. L'objectif du programme était de favoriser la réhabilitation par des programmes de traitement obligatoire et par la réinsertion sécuritaire dans la communauté, ce qui lui avait valu une évaluation plutôt favorable par J. BONTA, J. ROONEY et S. WALLACE-CAPRETTA, préc., note 2. Dans la foulée de l'instauration de la peine d'emprisonnement avec sursis, en 1996, le programme avait évolué pour ne s'adresser qu'aux sursitaires astreints à leur domicile. Au moment de sa terminaison, en mars 2013, il permettait la surveillance de 53 délinquants.

[19] P. LANDREVILLE, préc., note 1, 106.

[20] *Supra*, note 1.

[21] J. BONTA, J. ROONEY et S. WALLACE-CAPRETTA, préc., note 2, p. 25.

[22] Selon les informations obtenues auprès du ministère de la justice de la Colombie-Britannique, cette pratique aurait été abandonnée en 2002-2003 à cause de restrictions budgétaires.

plutôt du ressort judiciaire, où, comme ailleurs au pays, les juges charés de la détermination de la peine ont le pouvoir de l'imposer à titre de condition d'une ordonnance d'emprisonnement avec sursis. Le port du bracelet électronique à la cheville (émetteur radio) permet de s'assurer que le délinquant ne quitte pas son domicile durant les heures où il y est astreint. Au cours de l'année 2013, les juges de la Colombie-Britannique ont émis 74 ordonnances d'emprisonnement avec sursis comprenant une condition de surveillance électronique, ce qui représentait 0,3% des personnes surveillées dans la communauté.

Saskatchewan

La Saskatchewan est la première province ayant intégré la surveillance électronique dans le cadre de la détermination de la peine, en 1990[23]. En effet, bien que les services correctionnels de la Colombie-Britannique utilisaient déjà la surveillance électronique pour contrôler les détenus en liberté provisoire, elle n'avait jamais, jusque-là, été ordonnée à titre de condition sentencielle.

Tout comme son pendant de l'ouest, le programme de surveillance électronique saskatchewanais a fait l'objet d'une évaluation en 1999, laquelle a conclu à un élargissement du filet pénal. À cette époque, 90 délinquants y participaient, ce qui en faisait le deuxième programme en importance au pays. Les chercheurs ont constaté un élargissement du filet pénal après avoir remarqué que les participants au programme de surveillance électronique présentaient un score moins élevé sur les échelles de risque que les participants au programme de probation intensive, alors qu'ils étaient soumis à un contrôle plus serré. De plus, les délinquants sous surveillance électronique et les probationnaires avaient des taux de récidive semblables, ce qui remettait en question l'utilité concrète d'un plus grand contrôle de leurs déplacements[24]. Les chercheurs étaient toutefois optimistes à l'égard des effets du programme de surveillance électronique sur les Autochtones, étant d'avis qu'il avait pu, dans certains cas, leur éviter l'incarcération. En effet, certains participants autochtones présentaient plus de risque que les autres et auraient vraisemblablement été incarcérés, n'eût été de la possibilité de les

---

[23] En 1996, tous les tribunaux de la province avaient cette possibilité : J. BONTA, J. ROONEY et S. WALLACE-CAPRETTA, préc., note 2, p. 22.
[24] *Id.*, p. 22 et 23.

surveiller électroniquement[25]. Cet optimisme ne peut malheureusement que s'étioler à l'ombre des statistiques sur la surreprésentation des Autochtones dans les prisons et les pénitenciers du Canada, qui n'ont pas cessé de croître depuis[26].

Le programme de surveillance électronique de la Saskatchewan n'a pas été réévalué depuis 1999. D'une capacité de 178 personnes, il comptait 159 participants en février 2014, tous astreints au port d'un bracelet électronique à émission radio : deux étaient soumis à une ordonnance de probation (soit 0,0005 % des probationnaires), 39 avaient été condamnés à un terme d'emprisonnement avec sursis (soit 0,3 % des sursitaires) et 118 avaient été libérés avant procès (soit 0,8% des personnes sous caution)[27]. La surveillance électronique reste donc un phénomène marginal qui est peu susceptible d'influer sur le taux global d'incarcération. Néanmoins, dans la mesure où l'objectif du programme de surveillance électronique demeure la réduction du taux d'incarcération[28], il nous semble qu'il devrait viser prioritairement les personnes en attente de procès. En effet, le nombre de personnes en attente de procès dans les prisons canadiennes ne cesse d'augmenter depuis le milieu des années 1980 et il

---

[25] *Id.*, p. 24.

[26] Voir notamment CANADA, BUREAU DE L'ENQUÊTEUR CORRECTIONNEL, *Une question de spiritualité. Les Autochtones et la Loi sur le système correctionnel et la mise en liberté sous condition*, Ottawa, 2012, p. 12, par. 17 et 18, [En ligne], [www.oci-bec.gc.ca/cnt/rpt/pdf/oth-aut/oth-aut20121022-fra.pdf] (page consultée le 8 mai 2014) : « Les délinquants autochtones représentent maintenant 21,5 % de la population carcérale sous la garde du SCC et 13,6 % des délinquants sous surveillance dans la collectivité. Au total, les délinquants autochtones (dans la collectivité et en établissement) représentent 18,5 % des délinquants sous responsabilité fédérale. La situation est encore plus alarmante chez les délinquantes autochtones qui, en 2010-2011, représentaient plus de 31,9 % des détenues sous responsabilité fédérale; c'est une augmentation de 85,7 % au cours des dix dernières années. Si les Autochtones sont surreprésentés au sein du système correctionnel fédéral à l'échelle nationale, le problème est encore plus critique dans la région des Prairies, où les Autochtones comptent pour plus de 55 % des détenus au Pénitencier de la Saskatchewan [...] en 2005, les Autochtones en Saskatchewan représentaient 14,9 % de la population totale, mais 81 % des délinquants admis dans un établissement provincial et 76 % des jeunes placés sous garde. »

[27] Pour la même période, 4118 personnes étaient soumises à une ordonnance de probation, 1204 à une ordonnance d'emprisonnement avec sursis et 1416 étaient mis en liberté par voie judiciaire avant procès.

[28] SASKATCHEWAN, MINISTÈRE DE LA JUSTICE, « Electronic Monitoring / Intensive Supervision », [En ligne], [www.justice.gov.sk.ca/cp-electronicmonitoring] (page consultée le 8 mai 2014).

dépasse aujourd'hui le nombre de délinquants y purgeant une peine[29].

Ontario

La province de l'Ontario fait appel à des techniques de surveillance électronique pour contrôler les délinquants dans la communauté depuis 1996. Elle en avait déjà fait l'essai en 1989 dans le but d'élargir les possibilités de remise en liberté des détenus, mais elle avait abandonné cette pratique, qui s'était avérée coûteuse et inefficace[30]. Le programme de surveillance électronique a toutefois été réintroduit en 1996, année où l'emprisonnement a été instauré.

L'Ontario est actuellement la province où l'on compte le plus grand nombre de délinquants sous surveillance électronique. En mars 2014, il y avait 264 délinquants astreints au port d'un bracelet inamovible à la cheville, contenant un émetteur radio miniature : 51 détenus avaient obtenu leur libération d'une prison provinciale dans le cadre d'un programme ontarien d'absence temporaire (5) ou de libération conditionnelle (44), alors que 215 contrevenants avaient été condamnés à une peine d'emprisonnement avec sursis comportant une condition facultative de surveillance électronique. Ainsi, contrairement à la majorité des provinces canadiennes, l'Ontario ne se cantonne pas à la surveillance des sursitaires, mais s'intéresse également aux détenus qui sont mis en liberté provisoire. Dans ce dernier cas, la décision d'imposer la surveillance électronique n'est pas prise par un juge, mais par la Commission ontarienne des libérations conditionnelles et des mises en liberté méritées. Quoiqu'il en soit, l'imposition de la surveillance électronique vise toujours à assurer le respect des conditions de détention à domicile et de couvre-feu.

---

[29] Lindsay PORTER et Donna CALVERLEY, « Tendance de l'utilisation de la détention provisoire au Canada », *Juristat*, Statistique Canada, 2011, p. 7, [En ligne], [www.statcan.gc.ca/pub/85-002-x/2011001/article/11440-fra.pdf] (page consultée le 8 mai 2014) : « la population carcérale, qui était jadis surtout composée d'adultes en détention après condamnation, est maintenant surtout formée d'adultes détenus provisoirement. En 2009-2010, 58 % de la population carcérale était des adultes en détention provisoire et 42 %, des adultes en détention après condamnation. Il y a 10 ans, les proportions étaient inversées, avec respectivement 40 % et 60 %. »

[30] J. BONTA, J. ROONEY et S. WALLACE-CAPRETTA, préc., note 2, p. 3; P. LANDREVILLE, préc., note 1, 107.

Nouvelle-Écosse

Le programme de surveillance électronique de la Nouvelle-Écosse existe depuis 2006. À cette époque, il constituait la première utilisation canadienne du système GPS dans la surveillance des délinquants. Depuis, il a permis la supervision de plus de 1000 personnes, mais n'a jamais fait l'objet d'une évaluation formelle. En 2014, entre 60 et 70 délinquants participent chaque jour au programme et portent à la cheville un bracelet inamovible contenant soit un émetteur radio, soit un système GPS. En plus des personnes astreintes au port d'un bracelet, entre 120 et 130 individus doivent quotidiennement répondre à un système de vérification de la voix. Tous ces délinquants sont assujettis à une ordonnance d'emprisonnement avec sursis, que le juge a expressément greffée d'une condition de surveillance électronique. Dans cette province, la surveillance électronique ne s'applique en effet qu'« aux contrevenants ayant reçu une peine d'emprisonnement avec sursis qui sont en détention à domicile ou qui doivent respecter une heure de rentrée, et qui sont jugés à risque élevé »[31].

Manitoba

Le programme de surveillance électronique du Manitoba est beaucoup plus restreint et ciblé que celui des autres provinces canadiennes. Il est aussi le seul à intéresser les jeunes contrevenants. Amorcé en avril 2008, il cible les jeunes auteurs de vols de voitures qui sont considérés à risque élevé de récidive. La surveillance électronique est ordonnée par un juge dans le cadre d'une peine communautaire. D'une capacité maximale de 20 personnes, ce programme accueille en moyenne 5 ou 6 jeunes contrevenants à la fois. Depuis ses débuts, son plus haut niveau de fréquentation s'est élevé à 14 jeunes. La surveillance est assurée par le port d'un bracelet GPS à la cheville, une technologie similaire à celle qui est utilisée en Nouvelle-Écosse. Le programme a fait l'objet d'une évaluation indépendante en octobre 2012, laquelle a conclu que la surveillance électronique avait eu un léger effet bénéfique sur la trajectoire criminelle des jeunes délinquants, mais que la réduction observée des

---

[31] NOUVELLE-ÉCOSSE, MINISTÈRE DE LA JUSTICE, « La surveillance électronique », [En ligne], [novascotia.ca/just/Corrections/electronic_supervision-fr.asp] (page consultée le 8 mai 2014).

vols de voitures ne pouvait pas lui être attribuée[32]. Le Manitoba entend maintenant lancer un projet pilote de surveillance électronique auprès de 12 contrevenants adultes, coupables de violence conjugale et considérés à risque élevé de récidive.

Québec

Ce tour d'horizon des programmes provinciaux de surveillance électronique ne serait pas complet sans aborder la position québécoise en la matière. Le Québec a longtemps été la seule province à ouvertement et explicitement rejeter le recours à la surveillance électronique des délinquants dans la collectivité et ce, malgré les appels à un meilleur encadrement des sursitaires[33]. Après une revue approfondie de la littérature criminologique internationale, le Québec avait conclu qu'il s'agissait d'une mesure coûteuse et inefficace, qui contribuait à l'élargissement du filet pénal sans pour autant améliorer la sécurité publique ou les perspectives de réhabilitation des contrevenants. Les thèmes récurrents retracés dans la littérature scientifique lui apparaissaient dirimants[34] :

---

[32] Ashley PEARSON, *An Evaluation of Winnipeg's Electronic Monitoring Pilot Projet for Youth Auto Theft Offenders*, mémoire de maîtrise, Winnipeg, Département de sociologie, Université du Manitoba, 2012, [En ligne], [mspace.lib.umanitoba.ca/bitstream/1993/8102/1/Pearson_Ashley.pdf] (page consultée le 30 avril 2014).

[33] QUÉBEC, MINISTÈRE DE LA SÉCURITÉ PUBLIQUE, *Surveillance électronique : solution ou panacée*, Québec, 2000, p. 11 : « Pour la DGSC [Direction générale des services correctionnels du Ministère de la sécurité publique], la question de la surveillance électronique était importante et d'autant plus d'actualité que des juges du Québec, dans la foulée de l'arrêt *Proulx*, au début de l'année 2000, ont dénoncé durement le niveau de surveillance qu'exerçait le personnel de la DGSC sur les personnes soumises à une ordonnance de sursis. La question était épineuse compte tenu que dans le discours de certains membres de la magistrature, on indiquait clairement et publiquement l'intention de ne plus accorder d'ordonnances de sursis aux contrevenants et de la condamner plutôt à des peines de détention. Certains juges attendaient donc que la DGSC réagisse en proposant des contrôles plus serrés quant au respect des conditions de l'ordonnance de sursis. La surveillance électronique apparaissait parfois ainsi en filigrane dans le discours, ou était mentionnée ouvertement par certains intervenants du système de justice. » Pour les fins de l'histoire, mentionnons que le gouvernement provincial a eu l'heur de rassurer la magistrature en adoptant un cadre de gestion strict, qu'il a étendu à l'ensemble du territoire : QUÉBEC, MINISTÈRE DE LA SÉCURITÉ PUBLIQUE, *Cadre de gestion de l'emprisonnement avec sursis*, Québec, 2001.

[34] QUÉBEC, MINISTÈRE DE LA SÉCURITÉ PUBLIQUE, *Surveillance électronique : solution ou panacée*, préc., note 33, p. 6, 7 et 17-22.

- La surveillance électronique provoque un élargissement du filet pénal en orientant les délinquants « vers une solution de rechange à l'incarcération alors qu'[ils auraient] été soumis simplement à une ordonnance de probation régulière[35] » si cette solution n'avait pas existé.
- La surveillance électronique entraîne une surpénalisation en s'ajoutant « à la mesure sentencielle, comme la probation ou le sursis, alors que sans son existence, les contrevenants auraient été soumis aux mêmes mesures[36]. »
- À la lumière des expériences menées ailleurs dans le monde, il est possible d'affirmer catégoriquement que la surveillance électronique ne permet pas de diminuer les populations carcérales.
- La surveillance électronique ne prévient pas mieux la récidive ou le bris de condition que les mesures traditionnelles basées sur la supervision humaine.
- La surveillance électronique est non efficiente sur le plan économique, parce qu'elle s'ajoute aux mesures existantes sans entraîner d'effets concrets sur l'expansion du système correctionnel.

Si la position québécoise a soulevé l'enthousiasme de certains auteurs, qui y voyaient une prise de position courageuse à l'encontre d'un accroissement ineffectif des dispositifs de contrôle pénal[37], elle semble aujourd'hui remise en question. De manière fort discrète, le Ministère de la sécurité publique a sommairement annoncé qu'il changeait son fusil d'épaule : ce sont trois lignes dans son plan stratégique 2012-2016 qui annoncent la création d'un projet pilote auprès de 100 sursitaires[38]. Cette initiative est rattachée à l'objectif

---

[35] *Id.*, p. 6.

[36] *Id.*, p. 6.

[37] Dan KAMINSKI, « L'assignation à domicile sous surveillance électronique : de deux expériences, l'autre », (1999) *Revue de droit pénal et de criminologie* 626; Dan KAMINSKI, Pierre LALANDE et Jean-Claude DALLAIRE, « Actualités de la surveillance électronique des condamnés au Québec et en Belgique », (2000) *Revue de droit pénal et de criminologie* 560.

[38] QUÉBEC, MINISTÈRE DE LA SÉCURITÉ PUBLIQUE, *Plan stratégique 2012-2016*, Québec, 2013, p. 18, [En ligne], [www.securitepublique.gouv.qc.ca/fileadmin/Documents/ministere/plan_strategique/plan_strategique_2012-2016.pdf] (page consultée le 1er mai 2014) : « Dans le domaine

générique d'« assurer, avec l'appui de nos partenaires et dans le contexte de la hausse de la population carcérale, des services correctionnels efficients et sécuritaires[39]. » Selon les informations transmises par le Ministère de la sécurité publique, la surveillance électronique viserait à raffiner les méthodes de contrôle en place, les vérifications téléphoniques actuelles effectuées au domicile des sursitaires pouvant être contournées grâce aux possibilités de renvoi d'appels sur des téléphones cellulaires. Ces vérifications seraient donc remplacées par un système biométrique de reconnaissance du tissu veineux ; à cette fin, le délinquant devrait insérer régulièrement son doigt dans un terminal installé chez lui. Selon le ministère, cette méthode de reconnaissance permettrait de vérifier rapidement l'identité de la personne et son emplacement, tout en étant moins intrusive que le port d'un bracelet inamovible. Le projet pilote devrait démarrer l'an prochain.

Synthèse

À l'heure actuelle, ce sont donc cinq provinces canadiennes qui utilisent la surveillance électronique (bracelet à émission radio ou bracelet GPS), mais à une échelle restreinte[40]. En mars 2014, le nombre total de personnes sujettes à la surveillance électronique à travers le pays pouvait être estimé à 700. La majorité d'entre elles, soit environ 540, étaient des sursitaires, c'est-à-dire des personnes assujetties à une ordonnance d'emprisonnement avec sursis suivant l'article 742.1 du Code criminel. Seules deux provinces étendent l'utilisation de la surveillance électronique à d'autres populations, différentes dans l'un et l'autre cas. En Saskatchewan, les prévenus qui sont mis en liberté provisoire par voie judiciaire suivant l'article 515 (2) du Code criminel, soit les prévenus libérés avant procès, peuvent être astreints à la surveillance électronique, dans la mesure où

correctionnel, les récentes modifications apportées au droit criminel et pénal nous amèneront à nous pencher sur la problématique de la surpopulation carcérale de façon globale et à utiliser, de façon optimale et innovatrice, les ressources à notre disposition. Ce qui signifie ne pas miser uniquement sur l'incarcération mais aussi sur d'autres mesures dans la communauté. Cette approche permettra une meilleure gestion des places en établissement de détention et le développement de nouvelles avenues, telle la surveillance électronique des sursitaires. »

[39] Id.

[40] En Nouvelle-Écosse : GPS, environ 200 personnes; en Ontario : émetteur radio, environ 264 personne; au Manitoba : GPS, 5 ou 6 jeunes; en Saskatchewan : émetteur radio, 159; en Colombie-Britannique : émetteur radio, 74 personnes.

le juge en décide ainsi. L'Ontario, pour sa part, étend la surveillance électronique aux détenus qui sont relâchés dans la communauté avant l'expiration légale de leur peine; en pareil cas toutefois, ce sont les autorités correctionnelles qui ordonnent la surveillance électronique des contrevenants.

Dans son état actuel, la surveillance électronique a probablement peu d'impact sur les pratiques sentencielles et il y fort à parier qu'elle constitue tout au plus une forme de surpénalisation. Mais cette observation, fondée à la fois sur les conditions d'octroi du sursis (qui comportent déjà l'absence de risque pour la sécurité publique) et sur le modeste nombre de sursitaires surveillés par voie électronique, ne saurait masquer l'urgent besoin d'évaluations empiriques à cet égard, a fortiori lorsque l'on sait que la pratique pourrait se répandre au cours des prochaines années. Les programmes de surveillance électronique canadiens devraient être évalués de manière beaucoup plus fréquente et systématique[41].

Voilà qui achève notre tour d'horizon des pratiques provinciales. Il convient maintenant de s'intéresser au paysage fédéral.

3. Pratique fédérale de la surveillance électronique

Rappelons qu'au Canada, les contrevenants condamnés à une peine d'emprisonnement de deux ans ou plus purgent leur peine dans un pénitencier fédéral, par opposition à une prison provinciale[42]. Après l'écoulement d'un certain temps, les détenus sous juridiction fédérale peuvent s'adresser à la Commission des libérations conditionnelles pour obtenir leur mise en liberté sous condition[43]. C'est le Service correctionnel du Canada qui est responsable de la surveillance des personnes libérées sous condition et ce, jusqu'à l'expiration légale de leur peine.

Jusqu'à tout récemment, le Service correctionnel du Canada n'envisageait pas la surveillance électronique des personnes libérées sous condition. Seuls les détenus sous juridiction provinciale pouvaient y être astreints, dans la mesure, évidemment, où un

---

[41] La seule évaluation complète des programmes de surveillance électronique au Canada demeure celle de 1999 : J. BONTA, J. ROONEY et S. WALLACE-CAPRETTA, préc., note 2. Les chercheurs avaient conclu à un élargissement du filet pénal.

[42] *Code criminel*, art. 743.1.

[43] Loi sur le système correctionnel et la mise en liberté sous condition, préc., note 11.

programme de surveillance électronique était en vigueur dans leur province d'appartenance. La surveillance électronique ne visait donc que les détenus ayant commis des crimes d'une gravité relative, soient ceux qui avaient été condamnés à un terme d'emprisonnement de moins de deux ans, et elle avait pour objectif de faciliter leur remise en liberté afin de réduire la population carcérale. Envisagée dans cette perspective, elle ne concernait pas la minorité des détenus sous juridiction fédérale (4 % de la population carcérale), qui avaient commis des crimes plus sérieux[44].

L'élection d'un gouvernement conservateur en 2006 a toutefois modifié la donne. Ce gouvernement, toujours au pouvoir, a opéré un important virage punitif en matière de justice criminelle, promettant de punir plus sévèrement les coupables afin de rendre les collectivités plus sécuritaires. Depuis, un vent de populisme pénal teinte les politiques criminelles, malgré la baisse constante du taux de criminalité amorcée en 1970[45]. La loi omnibus C-10, fort habilement intitulée *Loi sur la sécurité des rues et des communautés*, concrétise les promesses gouvernementales en allongeant la durée des peines, en créant des peines minimales (peines planchers), en restreignant les possibilités de suspension du casier criminel et en limitant l'accès à la libération conditionnelle des détenus sous juridiction fédérale[46]. À travers la panoplie de changements institués, la surveillance électronique fait son entrée, sans tambour ni trompette. Désormais, l'article 57.1 (1) de la *Loi sur le système correctionnel et la mise en liberté sous condition* confère au Service correctionnel le pouvoir de se ser-

---

[44] Au Canada, 86% des peines privatives de liberté imposées sont de moins de six mois; 10% d'entre elles se situent entre six mois et moins de deux ans et seulement 4% constituent des peines pénitentiaires (Jillian BOYCE, « Statistiques sur les tribunaux de juridiction criminelle pour adultes au Canada, 2011-2012 », *Juristat*, Statistique Canada, 2013, p. 14, [En ligne], [www.statcan.gc.ca/pub/85-002-x/2013001/article/11804-fra.pdf] (page consultée le 8 mai 2014)).

[45] Le taux de criminalité canadien est à son plus bas niveau depuis 1972. Voir Samuel PERREAULT, « Statistiques sur les crimes déclarés par la police au Canada, 2012 », *Juristat*, Statistiques Canada, 2013, [En ligne], [www.statcan.gc.ca/pub/85-002-x/2013001/article/11854-fra.pdf] (page consultée le 8 mai 2014). Sur l'inflation punitive, voir notamment Hélène DUMONT, « Contrer la réforme en matière punitive : Comment s'y prendre et comment repenser la réforme de la pénologie canadienne », dans Patrick HEALY et Patrick MONIARI (dir.), *Détermination et exécution des peines : la pénologie mise en pratique*, Ottawa, Institut canadien d'administration de la justice, 2012, p. 175; Patrick HEALY, « Sentencing from There to Here and from Then and Now », (2013) 17 *Canadian Criminal Law Review* 291.

[46] Loi sur la sécurité des rues et des communautés, préc., note 11.

vir de la surveillance électronique à l'égard des délinquants : « Le Service peut obliger un délinquant à porter un dispositif de surveillance à distance lorsque la permission de sortir, le placement extérieur, la libération conditionnelle ou d'office ou l'ordonnance de surveillance de longue durée est assorti de conditions interdisant au délinquant l'accès à une personne ou à un secteur géographique ou l'obligeant à demeurer dans un secteur géographique[47]. » La loi offre aux délinquants la possibilité de présenter des observations au sujet de la durée requise du port du dispositif de surveillance[48], mais prévoit également que ceux qui refusent de le porter ou tentent de l'altérer seront pénalisés[49].

Cette modification législative pourrait surprendre, dans la mesure où le projet pilote mené entre septembre 2008 et août 2009 auprès de 46 délinquants volontaires était loin d'être concluant. Ce projet pilote, lui-même institué dans la foulée d'une analyse bibliographique mitigée[50], visait à « évaluer [le] potentiel [de la surveillance électronique] comme nouveau moyen de gérer les délinquants sous responsabilité fédérale dans la collectivité[51] ». Or, malgré ce modeste objectif – il ne s'agissait pas de réduire la population carcérale, mais bien d'assurer une plus grande surveillance des délinquants mis en liberté – le projet pilote n'avait pas permis de

---

[47] *Loi sur le système correctionnel et la mise en liberté sous condition*, préc., note 11, art. 57.1 (1), introduit par la *Loi sur la sécurité des rues et des communautés*, préc., note 11, art. 64, entré en vigueur le 13 juin 2012. Des modifications seront bientôt apportées au *Règlement sur le système correctionnel et la mise en liberté sous condition*, DORS/1992-620 (Gaz. Can. II), afin de permettre au Service correctionnel d'exercer le pouvoir que lui confère le nouvel article 57.1 (1). Selon les informations obtenues en date du 24 mars 2014, le document est en cours d'élaboration.

[48] Loi sur le système correctionnel et la mise en liberté sous condition, préc., note 11, art. 57.1 (2), introduit par la Loi sur la sécurité des rues et des communautés, préc., note 11, art. 64, entré en vigueur le 13 juin 2012.

[49] *Loi sur le système correctionnel et la mise en liberté sous condition*, préc., note 11, art. 96 m.1), introduit par la *Loi sur la sécurité des rues et des communautés*, préc., note 11, art. 69 (2), entré en vigueur le 13 juin : « Le gouverneur en conseil peut prendre des règlements : [...] m.1) autorisant le commissaire à établir des règles, par directive, sur les conséquences d'un refus de porter le dispositif de surveillance à distance visé à l'article 57.1 ou de son altération ». Au moment d'écrire ces lignes, la directive du Commissaire était en cours d'élaboration.

[50] Shauna BOTTOS, *Un aperçu de la surveillance électronique au sein du système correctionnel : questions et répercussions*, Ottawa, Service correctionnel Canada, 2007, [En ligne], [www.csc-scc.gc.ca/recherche/r182-fra.shtml] (page consultée le 23 avril 2014).

[51] SERVICE CORRECTIONNEL CANADA, Rapport d'évaluation : Programme pilote de surveillance électronique, Ottawa, décembre 2009, p. vii.

« démontrer les avantages » de la surveillance électronique, pour reprendre les termes utilisés par les services correctionnels canadiens[52]. La surveillance électronique ne semblait pas de nature à responsabiliser davantage les contrevenants et elle risquait d'alourdir la charge de travail des agents de libération conditionnelle[53]. En outre, les participants avaient fait état de plusieurs difficultés technologiques associées au port du bracelet GPS à la cheville, lesquelles étaient à l'origine d'un nombre important de fausses alertes[54]. Bref, un tableau d'ensemble « désastreux », selon certains[55].

L'article 57 de la *Loi sur le système correctionnel et la mise en liberté sous condition* a donc été adopté malgré l'échec de ce premier projet pilote fédéral. Le 31 janvier 2012, le Comité permanent de la sécurité publique et nationale de la Chambre des communes du Canada a entrepris une étude sur le recours à la surveillance électronique afin de « déterminer son efficacité, sa rentabilité et l'état de préparation à sa mise en œuvre[56] ». À cette occasion, le comité a recueilli les témoignages des fonctionnaires impliqués, des services de police, de la Société John Howard et des fournisseurs de dispositifs de surveillance électronique. Le comité a noté que l'évaluation du projet pilote n'avait pas été concluante, mais a retenu que le projet pilote visait surtout à mettre à l'essai certains types

---

[52] *Id.*, objectif d'évaluation 1 – pertinence continue - constatation 1 : « Le Programme pilote de surveillance électronique cadre avec les priorités du gouvernement et la mission du Service correctionnel du Canada. Certains délinquants peuvent en bénéficier, bien que la présente évaluation n'ait pas permis d'en démontrer les avantages. »

[53] *Id.*, objectif d'évaluation 3 – réussite, constatations 12 à 16.

[54] *Id.*, objectif d'évaluation 2 – mise en œuvre, constatation 4 : « La fiabilité de la technologie utilisée dans le programme pilote de surveillance électronique posait certains problèmes concernant notamment la durabilité d'une pile chargée (p. ex., temps de chargement, durée de chargement), le dispositif (taille, confort et visibilité), le risque de dérive et les fréquentes fausses alarmes anti-sabotage. » Voir également constatations 5 à 11.

[55] Voir les propos du professeur Paul Gendreau, rapportés par Maureen BROSNAHAN, « Electronic anklet trial a "disaster" », *CBC News*, 13 juillet 2010, [En ligne], [www.cbc.ca/news/canada/electronic-anklet-trial-a-disaster-1.866174] (page consultée le 22 avril 2014). Dans le même sens, voir les commentaires de James Bonta, rapportés par Anna MEHLER PAPERNY, « Corrections Canada to push ahead with electronic anklets for parolees », *The Globe and Mail*, 16 août 2012, [En ligne], [www.theglobeandmail.com/news/national/corrections-canada-to-push-ahead-with-electronic-anklets-for-parolees/article4485235/] (page consultée le 22 avril 2014).

[56] COMITÉ PERMANENT DE LA SÉCURITÉ PUBLIQUE ET NATIONALE, *Une étude sur la surveillance électronique dans les domaines correctionnel et de l'immigration*, Ottawa, Chambre des communes, septembre 2012, p. 1.

d'équipement et non pas à statuer sur l'à-propos de la surveillance électronique. Le comité a également pris acte de l'objectif poursuivi par la nouvelle disposition : l'article 57 ne serait pas utilisé pour diminuer la population carcérale fédérale, mais plutôt pour augmenter le niveau de surveillance auquel certains délinquants étaient assujettis[57]. Néanmoins, le comité a convenu que « les travaux de recherche effectués au sujet de la surveillance électronique dans le domaine correctionnel ne [permettaient] pas de confirmer ou d'infirmer l'efficacité de cette méthode de surveillance[58] », de sorte qu'il lui paraissait nécessaire que Service correctionnel Canada effectue des recherches additionnelles à cet égard. Le comité a donc formulé des recommandations en ce sens, auxquelles le Ministre de la Sécurité publique a rapidement répondu, affirmant qu'il nourrissait déjà l'intention de lancer un deuxième projet pilote de surveillance électronique de portée plus étendue que le premier. Le Ministre a répété que la surveillance électronique ne remplacerait pas la détention, mais permettrait de mieux contrôler les conditions de mise en liberté afin d'accroître la sécurité publique[59].

À l'heure actuelle, il n'y a donc aucun délinquant sous juridiction fédérale qui soit soumis à la surveillance électronique. Selon nos informations, le deuxième projet pilote sur la surveillance électronique sera toutefois lancé au cours de l'année 2014. Le dossier est à suivre, mais le gouvernement paraît déterminé à aller de l'avant. Sa position de principe est claire et peu influencée par les études sur l'efficacité générale de ce nouvel outil de contrôle : plus les contrevenants seront surveillés, plus les communautés seront sécuritaires.

---

[57] *Id.*, p. 3 : « Les précisions apportées par le commissaire du SCC au sujet de cette nouvelle disposition législative nous indiquent que la surveillance électronique ne serait pas imposée à tous les délinquants, qu'elle ne remplacerait pas la surveillance directe et qu'elle ne serait pas utilisée pour diminuer la population carcérale fédérale. »

[58] *Id.*, p. 5.

[59] PARLEMENT DU CANADA, « Réponse du gouvernement aux recommandations contenues dans le sixième rapport du Comité permanent de la sécurité publique et nationale intitulé *Une étude sur la surveillance électronique dans les domaines correctionnel et de l'immigration* », Ottawa, 2013, [En ligne], [www.parl.gc.ca/HousePublications/Publication.aspx?Mode=1&Language=F&DocId=5944470&File=0] (page consultée le 8 mai 2014).

Conclusion

Au Canada, la surveillance électronique peut être ordonnée par le juge ou par les autorités correctionnelles, qu'elles soient provinciales ou fédérale. Dans le premier cas, elle ne constitue pas une peine à part entière, mais elle est ordonnée à titre accessoire. Elle devient ainsi la condition d'une remise en liberté avant procès par voie judiciaire, ou encore la condition d'une ordonnance de probation ou d'emprisonnement avec sursis. Dans le second cas, elle peut être imposée aux détenus qui sont relâchés dans la collectivité avant l'expiration légale de leur peine.

Le portrait canadien que nous avons brièvement dessiné à travers ce texte révèle que la surveillance électronique n'est pas une pratique généralisée à travers le pays. À l'heure actuelle, elle existe dans cinq provinces, liste qui s'étendra à six au cours des prochains mois vu le changement de cap opéré par le Québec. Les législatures provinciales ont tendance à confier au juge chargé de la détermination de la peine le pouvoir d'ordonner le port d'un dispositif de surveillance; il n'y qu'en Ontario qu'un délinquant puisse y être assujetti par les services correctionnels. Les différents programmes provinciaux utilisés à travers le pays lient généralement cette pratique avec la peine d'emprisonnement avec sursis, dans l'optique de mieux encadrer des contrevenants qui seraient autrement incarcérés, dit-on. Les rares études indépendantes concluent plutôt à une extension du filet pénal. Il y aurait certainement lieu de clarifier les objectifs poursuivis et de documenter plus systématiquement leur atteinte.

La surveillance électronique pourrait connaître un nouvel essor vu la volonté fédérale de l'étendre aux détenus sous sa juridiction. Dans ce dernier cas, elle constituerait sans aucun doute une forme de surpénalisation. Le gouvernement a clairement affirmé que la surveillance électronique ne remplacerait pas l'incarcération, mais s'ajouterait aux conditions de mise en liberté pour assurer un contrôle plus serré des délinquants et réduire les possibilités de récidive. À défaut d'être empiriquement appuyé, ce discours pourrait, selon certains, accroître le sentiment de sécurité de la population[60].

[60] En ce sens, voir le commentaire de S. Bottos, préc., note 50 : « [M]ême si la surveillance électronique n'a pas d'incidence importante sur les taux de récidive dans tous les cas, cela ne veut pas dire que les programmes de surveillance électronique sont inu-

L'instauration de la surveillance électronique allongerait ainsi la liste des mesures de populisme pénal qui marque l'ère conservatrice canadienne.

tiles. Les capacités de surveillance de la surveillance électronique, qui sont supérieures à celles qu'on peut obtenir raisonnablement au moyen des méthodes de surveillance humaine classiques peuvent contribuer à accentuer le sentiment de sécurité du public, en particulier dans le cas des victimes du crime et de leur famille. »

Surveillance électronique en Angleterre et au Pays de Galles : l'heure d'une réévaluation ?

Nicola PADFIELD*

Master au Fitzwilliam College, Cambridge,
Reader in Criminal and Penal justice

Introduction

La surveillance électronique (SE) est utilisée depuis plus de 20 ans en Angleterre et au Pays de Galles dans le domaine de la justice pénale. Le système consiste à attacher un dispositif émetteur à la cheville d'un prévenu ou d'un condamné, et à connecter un transmetteur au réseau électrique de son domicile. Si le dispositif ne fonctionne pas ou s'il est déconnecté, la société fournissant l'équipement est automatiquement alertée. Mais le système se complexifie : avec l'abaissement du prix des technologies, le Gouvernement est de plus en plus tenté par le recours au suivi par GPS plutôt que par l'utilisation d'une simple surveillance électronique. Cette contribution est l'occasion opportune d'examiner ces questions.

Il est évident que la SE et le GPS présentent un attrait certain pour l'actuelle administration : en plus du faible coût du dispositif, la SE présente le double avantage d'assurer la répression des infractions tout en garantissant la protection de la société et de l'ordre public. Cependant, notre contribution vise à suggérer qu'il est grand temps d'en examiner les inconvénients : la SE peut souvent être une réponse disproportionnée, et elle n'apporte que peu d'avantages en termes de réinsertion. Les conséquences au regard des droits des personnes et des libertés fondamentales doivent faire l'objet d'une attention toute particulière. Rejoignant en ce sens Nellis (2014) et de nombreux autres auteurs, nous considérons que les conséquences légales, éthiques et budgétaires de l'usage croissant de la surveillance électronique doivent être soumises à un examen approfondi.

* Traduction par Joana Falxa, docteur en droit.

La SE est utilisée dans des contextes très divers en Angleterre et au Pays de Galles :

(1) comme modalité du contrôle judiciaire (afin d'éviter le placement en détention avant jugement)

(2) comme peine

(3) comme condition pour une libération conditionnelle

(4) comme technique d'enquête par l'intermédiaire d'une surveillance clandestine des suspects par la police

(5) comme l'une des mesures des protocoles appliqués aux personnes suspectées de terrorisme et placées sous les « *control orders* », à présent connus sous la dénomination de « *TPIM regimes* ».

La présente étude ne s'attardera pas sur ces deux dernières modalités de surveillance électronique. Nous nous contenterons de souligner cette évidence : il convient d'être aussi vigilant quant aux usages et mésusages de SE dans ces domaines que nous le sommes déjà quant à son utilisation dans le cadre de procédures pénales classiques. Ainsi, les pouvoirs de surveillance par infiltration de la police doivent être clairement encadrés et coordonnés, par exemple lorsque la SE est utilisée de manière « clandestine » pour surveiller les mouvements de suspects et de leurs véhicules[1].

Concernant la dernière modalité de SE (5), l'usage de « *control orders* », introduits par le *Prevention of Terrorism Act* de 2005, a soulevé de nombreuses objections. Ce texte donnait au Gouvernement le pouvoir d'appliquer d'importantes restrictions à la liberté des personnes suspectées d'entretenir des liens avec le terrorisme. Profondément controversés, ces « *control orders* » ont été abrogés par le *Terrorisme prevention and Investigation Measures Act* de 2011, mais

---

[1] C'est un domaine délicat, dont la régulation est complexe : v. en ce sens le *Regulation of Investigatory Powers Act 2000* (Loi de régulation des pouvoirs d'enquête). Et pour un exemple particulièrement choquant de l'absence de considération du droit interne pour le système européen de garantie des droits fondamentaux, v. *Warren v. Her Majesty's Attorney General of the Bailiwick of Jersey* [2011] UKPC 10, décision dans laquelle le *Privy Council* a confirmé une condamnation malgré le placement d'un appareil d'écoute dans la voiture d'un suspect qui était sur le point de traverser la France, les Pays-Bas et l'Allemagne, sans autorisation des autorités françaises et néerlandaises pour recourir à cet appareil sur leur territoire (en réalité, les autorités britanniques étaient pleinement conscientes du refus qui leur aurait été opposé).

ils ont été rapidement remplacés par des mesures du même genre : la nouvelle version de ces ordres, à présent dénommés « *TPIM notices* », permet toujours au Gouvernement d'« *imposer aux individus l'obligation de coopérer, avec l'aide d'instruments spécifiques autorisant les autorités à surveiller, grâce à des moyens électroniques ou autres, les mouvements, les communications ou autres activités des personnes concernées* » (Partie 1, paragraphe 12(1)).

Mais nous nous limiterons ici à l'examen de l'utilisation de la SE dans la procédure et le procès pénal de droit commun.

1. La surveillance électronique comme modalité du contrôle judiciaire

Le droit concernant le placement en liberté sous contrôle judiciaire est régi par la loi sur le contrôle judiciaire de 1976 (*Bail Act* 1976), qui a été maintes fois amendée au fil des ans. Le texte régissant actuellement la SE se trouve à la sous-section 3 (6ZAA)[2] : il est dès lors évident que la surveillance électronique constitue l'une des conditions sous lesquelles le placement sous contrôle judiciaire peut être octroyé.

La sous-section 3 (6ZAB) explique que l'expression « conditions de surveillance électronique » signifie « conditions imposées dans l'objectif d'assurer la surveillance électronique de l'accomplissement par la personne concernée de toute autre condition imposée au titre du placement sous contrôle judiciaire ».

Il s'agira d'une condition de « couvre-feu » : la personne doit se trouver à une adresse précise pendant un certain nombre d'heures par jour.

Sans doute la principale difficulté réside-t-elle dans l'évaluation de l'utilisation de la SE : concerne-t-elle des personnes qui auraient, en son absence, fait l'objet d'un placement en détention, ou est-elle au contraire employée pour imposer davantage de restrictions à des personnes qui auraient autrement été relâchées sans condition ou à tout le moins sans surveillance électronique ? Il est difficile de se faire une idée. Il faudrait davantage de recherches dans ce domaine[3]. La

---

[2] Notons la nomenclature ridicule des textes anglais de nos jours: la *Subsection* (6ZAA) s'est susbtituée à une ancienne version ajoutée par le *Criminal Justice Act* de 2008, Sched 11, paragraphe 2.

[3] Pour une analyse utile, v. Hucklesby (2009), (2011) et (2013).

SE serait une avancée significative si l'on pouvait être certain que le placement sous surveillance électronique accompagné de conditions de couvre-feu concernait des personnes qui se seraient, en son absence, trouvées en prison. Mais il est difficile de le vérifier. Les statistiques publiées sur le nombre de prévenus en détention ne permettent pas de connaître l'impact réel de la SE[4].

Il faut également mentionner les difficultés liées aux personnes qui violent leur assignation. Est-ce à cause d'une défaillance de l'équipement électronique ou est-ce à cause d'une intervention de ces personnes sur cet équipement ? Il faut être sensible aux discriminations potentielles dans ce domaine : la SE est-elle plus aisément applicable aux personnes disposant d'un domicile plus sûr et d'un mode de vie plus conventionnel ?

Un problème courant en pratique est celui de la prise en compte des périodes passées en détention provisoire ou sous contrôle judiciaire sous SE pour le calcul du temps de la peine déjà exécuté en cas de condamnation ultérieure à une peine de privation de liberté. La réglementation dans ce domaine a connu de nombreuses modifications. Actuellement, les jours passés en détention provisoire sont automatiquement décomptés du total de la peine à exécuter. Cependant, quand il s'agit de prendre en compte les jours passés sous SE, la juridiction de jugement doit estimer les périodes « qualifiantes » de SE pour calculer le nombre de jours pendant lesquels le prévenu a été placé sous SE de manière effective, pour ensuite retenir une demi-journée pour chaque journée effectivement passée sous SE. Le calcul retient qu'une période « qualifiante » ne peut être inférieure à 9 heures de placement sous SE. C'est un domaine complexe, et les erreurs sont fréquentes, engendrant de coûteuses procédures d'appel et de potentielles injustices[5]. L'impact est également important pour toute évaluation du coût des SE comme mesures de contrôle judiciaire. Ce système coûte-t-il plus cher ou permet-il de faire des économies ? Dans une étude sur le recours à la SE comme mesure de contrôle judiciaire en Écosse, Barry et autres (2006) ont montré que lorsque l'on prend en considération le traitement différent du temps passé en détention ou sous SE durant la période de l'avant-procès (dans un système où pour les personnes placées en

[4] https://www.gov.uk/government/statistics/prison-population-figures-2014.

[5] Pour des exemples récents, v. *Leacock* [2013] EWCA Crim 1994 et *Pink* [2014] EWCA Crim 579.

détention provisoire, la date de l'application de la peine privative de liberté ultérieurement prononcée serait rétroactivement ramenée à celle du placement initial en détention mais où aucune rétroactivité n'était accordée aux personnes placées sous SE), la question de la rétroactivité devient centrale : « *Si, par exemple, 50% des personnes placées en détention provisoire sont ensuite condamnées à une peine de privation de liberté, le contrôle judiciaire sous SE coûterait 1.575 £ de plus par personne. Dès lors, nous concluons que de manière générale le placement sous contrôle judiciaire sous SE coûte plus cher que la détention provisoire* » (p. 5). Pour le dire d'une autre manière, les personnes placées sous SE passent en définitive plus de temps en détention après leur condamnation que les personnes placées en détention provisoire dès le début, et les premières coûtent donc plus cher à l'État.

2. La surveillance électronique comme peine

En Angleterre et Pays de Galles, les courtes peines de privation de liberté (jusqu'à 24 mois) peuvent être assorties d'un sursis allant jusqu'à deux ans, auquel s'ajoutent des conditions supplémentaires éventuelles de mise à l'épreuve.

Les tribunaux répressifs peuvent également imposer une peine exécutée dans la communauté (*community order*) assortie d'au moins une des mesures spécifiques prévues par les textes. Parmi les options possibles, l'assignation à résidence à des horaires précis (*curfew order*) est une des mesures le plus souvent prononcées. Elle peut être contrôlée par l'intermédiaire de la SE. Bien qu'une peine de prison avec sursis constitue formellement une peine de privation de liberté, et que la peine exécutée dans la communauté n'en soit pas une, nous traiterons des deux peines de manière conjointe dans cette section.

Il est difficile de savoir quand et pourquoi la SE est décidée, que ce soit à titre de mesure de peine dans la communauté ou à titre de mesure de mise à l'épreuve accompagnant le sursis. Nombre d'autres mesures ne sont pratiquement jamais prononcées. Le manque de services communautaires pour le traitement de l'alcoolisme et les difficultés d'accès aux services de santé mentale sont scandaleux et ces mesures sont en définitive rarement employées (Mair, 2011). En revanche, l'option de l'assignation à résidence à horaires fixes est toujours disponible. Il est possible que les juges considèrent la SE comme une sanction adaptée et simple ou qu'ils la perçoivent comme la seule mesure disponible pour rendre la peine dans la communauté effective. La jurisprudence des juridictions d'appel en offre divers exemples. Ainsi, dans *Murphy* [2013] EWCA Crim 433, le condamné avait interjeté appel contre une peine de six mois de privation de liberté avec sursis assorti d'un placement sous SE à la suite d'une reconnaissance de culpabilité concernant la possession d'un chien dangereux incontrôlé dans un lieu public. Le chien a attaqué et tué un autre chien dans des circonstances dans lesquelles le maître savait ou aurait dû savoir que si son chien s'échappait, d'autres chiens risquaient d'être attaqués. La Cour a décidé que les orientations officielles en matière de peine (*guidelines*)[6] donnaient au juge une fourchette de peine allant d'une amende à une peine de 6 mois d'emprisonnement, avec pour point de départ une peine dans la communauté de niveau moyen. La seule mesure disponible pour la peine dans la communauté était le placement sous SE. L'alcoolisme du condamné était si grave que ni l'accompagnement ni les programmes de traitement de l'alcoolisme n'étaient des solutions envisageables. Et dès lors, la peine d'assignation à résidence avec placement sous SE pour une durée de 6 mois n'était pas manifestement excessive.

Les règles de la SE comme peine ont également été régulièrement amendées. Par exemple la s. 215 du *Criminal Justice Act* 2003 (amendée par la s. 76(6) *LASPOA* 2012) prévoit notamment que lorsque le placement en SE nécessite, pour être appliqué de manière sûre, la coopération d'une personne (autre que l'auteur de l'infraction), la mesure ne peut être prononcée sans l'accord de cette tierce personne. Cette précaution vise à prendre en considération les inconvénients que la SE peut supposer pour la famille ou les personnes vivant sous le même toit que le condamné. D'une certaine manière, la SE peut être envisagée comme la forme ultime d'emprisonnement privatisé – la famille du condamné devient son gardien.

Dans sa recherche empirique sur l'assignation à résidence sous SE, Anthea Hucklesby explore les implications de cette peine. Reconnaissant que les êtres humains sont infiniment différents, elle

---

6 Voir http://sentencingcouncil.judiciary.gov.uk/docs/Dangerous_Dog_Offences_Definitive_Guideline_9web_final.pdf

soutient que la compréhension des raisons qui poussent les auteurs d'infractions à respecter ou ne pas respecter les mesures ordonnées par les tribunaux demande la prise en compte d'une immense variété de facteurs qui affectent la vie des individus (Hucklesby, 2013).

Elle souligne le rôle de la famille et des amis pour la désistance et le respect des mesures imposées, et elle s'interroge sur les effets potentiels de la privatisation : l'importance accordée à l'argent (encourageant le personnel à passer le moins de temps possible à s'équiper par exemple) devient une priorité supplantant la nécessité de changer les pratiques pour renforcer le respect des mesures imposées. Le non-respect des obligations n'est pas toujours prémédité : les auteurs d'infractions ont besoin d'une approche multidimensionnelle et individualisée pour les aider à développer les compétences leur permettant de respecter ces obligations. La SE n'est pas une solution miracle.

En plus de la peine principale de privation de liberté, de peine dans la communauté ou d'amende, le tribunal répressif peut également de nos jours inclure dans la sentence une large gamme de mesures de sûreté, telles que les ordres de prévention des infractions sexuelles (SOPO). Ceux-ci peuvent inclure d'importantes restrictions à la liberté du condamné, même après l'exécution totale de la peine. Dans l'arrêt R *(Richards) v Teeside Magistrate's Court* [2013] EWHC 2208, il a été décidé qu'une mesure de SOPO pouvait tout à fait légalement imposer à un auteur d'infraction sexuelle le port d'une balise de géolocalisation lors de tous ses mouvements hors de son adresse officielle. La Cour a décidé qu'il s'agissait d'une interdiction, et non une obligation d'action positive, et que la mesure était dès lors valide au regard du *Sexual Offences Act* 2003 (s. 107 et 108). De manière peut-être surprenante, la Cour retient que la restriction des mouvements de cette personne dans les espaces publics constitue essentiellement une obligation négative, bien que la personne soit tenue d'agir de façon proactive, et que pour cette raison la mesure est acceptable.

3. La surveillance électronique comme condition de libération conditionnelle

Pour la plupart des détenus exécutant une peine à durée déterminée (par opposition aux personnes condamnées à perpétuité ou à une peine à durée indéterminée), la libération a lieu automatiquement à mi-peine. Leur date de libération conditionnelle se situe à la moitié de la peine. Cependant, de nombreux détenus peuvent prétendre à une libération facultative, discrétionnairement accordée, jusqu'à 135 jours avant ce terme à mi-peine sous la condition d'une assignation à résidence (*Home Detention Curfew* – HDC). Introduite pour la première fois par le *Crime and Disorder Act* 1998 (s. 99-100), la libération avec assignation à résidence s'accompagne de conditions rigoureuses en partie contrôlées par l'intermédiaire du placement sous surveillance électronique.

Initialement, elle était seulement prévue pour une durée de deux mois, et la politique de libération anticipée était appliquée avec prudence. Mais en 2002, l'assignation à résidence sous SE par présomption fut créée et sa durée allongée jusqu'à 90 jours. À partir du 14 juillet 2003, un nouvel allongement est prévu, la durée de l'assignation sous SE pouvant à présent aller jusqu'à 135 jours. Elle est encadrée par le *Prison Service Order* 6700 et autorisée par le directeur de l'établissement où la personne est détenue[7]. D'inquiétantes variations ont été constatées initialement sur les statistiques de libération et de rappel ultérieur (*recall*) de condamnés (v. Dodgson et al, 2001), et il serait surprenant que ce ne soit plus le cas. La situation s'est-elle améliorée ? Le tableau ci-dessous nous donne quelques indications.

[7] La situation est plus compliquée dans les établissements régis par le secteur privé.

Tableau 1: Assignation à résidence avec placements sous surveillance électronique

	2004	**2006**	**2008**	**2010**	**2012**
Total de personnes susceptible d'être libérées de manière anticipée	**55.810**	**52.987**	**57.416**	**46.500**	**50.883**
Total de personnes libérées de manière anticipée selon le sexe					
Homme	17.159	12.122	10.239	10.770	11.142
Femme	2.135	1.544	1.482	1.480	1.661
Pourcentage de libérations suivant le sexe					
Homme	*33*	*25*	*19*	*26*	*24*
Femme	*47*	*35*	*31*	*40*	*40*
Total de personnes rappelées	**3.003**	**2.184**	**1.442**	**1.154**	**924**

Source : Tables 9.4 et 9.9 (dans Ministry of Justice Offender Management Caseload Statistics 2009 ; Tables A3.4 et A3.6 des statistiques NOMS 2010 et 2012)

Ce tableau révèle qu'une plus grande proportion de femmes condamnées bénéficient de l'assignation à résidence sous SE, mais ce n'est pas surprenant au vu de leur profil délinquant et de ce que l'on sait au sujet des femmes délinquantes. Il est également encourageant de noter que peu de prisonniers réintègrent la prison durant leur bref placement sous SE.

Mais cela doit être envisagé dans un contexte de déclin de la proportion des applications réussies de l'assignation à résidence sous SE.

4. Défis

Nous relevons divers problèmes susceptibles de retenir notre attention. Une question philosophique se pose concernant la moralité de la privatisation de la sanction, et plus précisément concernant le fait pour les entreprises privées de tirer bénéfice du système de justice pénale. En dépit de l'engagement du Gouvernement vers la privatisation d'un nombre croissant de services de justice pénale[8], il y a peut-être également un nombre croissant de voix qui s'élèvent pour exprimer critiques et inquiétudes[9]. Selon nous, néanmoins, le principal problème ici concerne la préoccupation des avocats quant à la transparence et la responsabilité. De nombreuses allégations d'incompétence[10] et de corruption ont été formulées. Un scandale a éclaté fin 2013 quand il est apparu que deux compagnies chargées de la mise en œuvre de la SE, G4S et Serco, ont toutes deux été accusées de surfacturer leurs contrats de surveillance électronique, depuis au moins l'année 2005. Les deux entreprises ont facturé des services qui n'ont jamais été effectués (v. *National Audit Office*, 2013). Certaines personnes pour lesquelles les entreprises facturaient les services de SE étaient décédées, d'autres étaient retournées en prison ou avaient quitté le pays. Les deux compagnies durent mettre fin à leurs contrats. Le Gouvernement signa ensuite un nouveau contrat avec une autre entreprise, Capita, qui prit provisoirement en charge la gestion des SE existantes. Un certain nombre d'autres entreprises sont également sur les rangs pour se saisir du marché : Steatite – (qui remplace Solid State), Buddi, Astrium et Telefonica sont certains des

---

[8] V. par exemple Ministère de la Justice (2013), *Transforming Rehabilitation - a revolution in the way we manage offenders* qui conduit à l'adoption du Offender Rehabilitation Act 2014. Des critiques de l'approche actuellement en vigueur sont disponibles au HM *Inspectorate of Probation* (Contrôle de la probation de Sa Majesté) et au HM *Inspectorate of Constabulary* (Contrôle des forces de l'ordre de Sa Majesté) (2014).

[9] V. aussi Criminal Justice Joint Inspection (2012) It's Complicated: The Management of Electronically Monitored curfews

[10] À la fois dans la presse (v. la série de faits scandaleux réunis dans le rapport de la *Howard League for Penal Reform* (2014) et dans les rapports légaux : par exemple *Mackenzie et Lammie* [2012] EWCA Crim 2088, qui dépeint une situation d'incompétence : un beau-père avait accepté la balise de son fils, et la chose ne fut découverte que sur avertissement d'un tiers indépendant à la police.

noms qui circulent. Les sommes concernées sont énormes, comme il ressort des propos du Ministre de la Justice devant le Parlement le 12 mars 2014[11] :

Au-delà de mes déclarations antérieures concernant les contrats signés par mon Département avec G4S et Serco, je veux fournir au Parlement une actualisation de la situation quant au remboursement des sommes dues par G4S au Gouvernement. Le 19 décembre 2013, dans le Rapport Officiel (*Official Report*), colonne 128 WS, j'ai annoncé que Serco avait accepté de rembourser 70,5 millions de livres (£) plus la TVA correspondante en raison des sommes dues du fait des contrats passés dans le domaine de la surveillance électronique et d'escorte de personnes détenues, et pour d'autres frais engagés.

Les discussions pour le remboursement par G4S ont continué et je suis à présent en position d'informer le Parlement de l'accord financier auquel nous sommes parvenus. G4S a accepté de rembourser 108,9 millions de livres plus la TVA pour les sommes indûment payées par le Gouvernement en matière de contrat de surveillance électronique et pour couvrir divers frais du Gouvernement issus de ces problèmes. Cette somme inclut également 4,5 millions de livres couvrant les frais de surfacturation effectués pour deux contrats détenus par G4S pour la gestion des installations dans les tribunaux, tous deux signalés au Bureau des fraudes (Serious Fraud Office) en décembre. Je suis convaincu, au regard de l'audit d'expert réalisé par PwC's et après avoir pris conseil auprès des personnes compétentes, que ceci représente un accord favorable au contribuable. Si des charges pénales devaient être retenues, nous considérerions la réclamation de nouvelles sommes dues par G4S. C'est une avancée bienvenue, qui permet la récupération intégrale des sommes dues au contribuable. Les discussions au sujet du renouvellement de l'entreprise entre les services du Premier ministre (*Cabinet Office*) et G4S continuent. La procédure n'est pas terminée et le Ministre du Bureau du Cabinet fera de nouvelles déclarations sur le sujet en temps voulu.

Pour autant que je sache, l'enquête pour fraude continue. Dans un article récent et percutant, Nellis (2014) passe en revue cette triste histoire, et souligne que d'autres pays européens devraient retenir les leçons du néo-libéralisme débridé appliqué au Royaume-

[11] 12 Mars 2014 : Colonne 28WS.

Uni. Il craint que nous ne soyons en train de développer un système intégral de gestion des auteurs d'infractions basé sur une approche « policière »[12], qui serait considérée comme plus sûre et plus crédible que « *le piteux ensemble d'organisations* (associations) *non testées et souvent sous-expérimentées qui seront en charge de la probation* » (Nellis, 2014, p. 186). Il est souvent dit que le prix de la liberté est la surveillance. Il est bien trop facile d'être complaisants au sujet de l'adéquation des mesures de protection contre les restrictions arbitraires ou non nécessaires des libertés individuelles. J'ai par ailleurs, par mes écrits (Padfield, 2010), encouragé et incité à la prudence sur ce terrain. Il est bien sûr plus difficile d'être vigilant dans les domaines où les contrats sont sujets à la confidentialité commerciale et ne sont dès lors pas aisés à contrôler. Une grande partie des éléments soulevés par Nellis n'a pratiquement jamais été exposée ailleurs sur la place publique, que ce soit dans la presse ou en doctrine. Il existe par ailleurs d'importantes implications éthiques et légales liées au fait que des entreprises multinationales privées sachent tout des mouvements et activités de citoyens : elles doivent être débattues en profondeur[13].

Mes préoccupations, toutefois, ne sont pas uniquement liées à ces problèmes politiques et éthiques. Il faut également que soit posé le débat fondamental concernant l'« effectivité » de la SE. Qu'entend-on par effet ? En Angleterre, la SE a essentiellement été présentée, par les Gouvernements successifs, comme une « arme » de protection publique, ou comme un élément clairement punitif au sein d'une peine communautaire par ailleurs « légère ». Elle peut néanmoins être vue de manière plus positive et plus spécifique comme un moyen de réduire la population pénale, ou en réalité comme une mesure plus favorable à la réhabilitation et à la réinsertion (V. Nash, 2010, p. 341). Nous ne disposons malheureusement que de peu d'études criminologiques sur la SE, et les messages politiques à cet égard sont à la fois confus et sources de confusion.

---

[12] À ce sujet, v. HM *Inspectorate of Probation* et HM *Inspectorate of Constabulary* (2014).

[13] D'où détiennent-elles l'autorité légale pour la conservation de données de citoyens, personnes privées? V. le débat actuel devant le Parlement sur la nouvelle régulation de la SE dans la *Criminal Justice and Courts Bill* 2013, au sujet des violations de la vie privée, et le texte actuellement débattu à la hâte devant ce même Parlement, le *Data Retention and Investigatory Bill* 2014.

Les conséquences sociales et politiques découlant de l'utilisation croissante de la SE sont énormes, et nous n'en avons qu'effleuré la surface. Les moyens de traçage par satellite (géolocalisation) soulèvent les mêmes dilemmes mais de manière démultipliée. Je remercie cette opportunité qui m'a été offerte d'apporter une petite contribution à cet important débat.

Références bibliographiques

Barry M., Malloch M., Moodie K., Nellis M., Knapp M., Romeo R., Dhanasiri S. (2007), *"An evaluation of the use of electronic monitoring as a condition of bail in Scotland"*, Scottish executive, disponible sur :

http://www.sccjr.ac.uk/wp-content/uploads/2008/11/An_Evaluation_of_the_use.pdf

Criminal Justice Joint Inspection (2012), *"It's Complicated : The Management of Electronically Monitored curfews"*, disponible sur :

http://www.justice.gov.uk/downloads/publications/inspectorate-reports/hmiprobation/joint-thematic/electronic-monitoring-report-2012.pdf

Dodgson K. et autres (2001), *"Electronic Monitoring of Released Prisoners"*, Home Office Research Study, nº 222.

HM Inspectorate of Probation et *HM Inspectorate of Constabulary* (2014), *A Joint Inspection of the Integrated Offender Management Approach*, disponible sur :

http://www.justiceinspectorates.gov.uk/hmiprobation/wp-content/uploads/sites/5/2014/04/Integrated-Offender-Management-report.pdf

Howard League for Penal Reform (2014), *Corporate crime? A dossier on the failure of privatisation in the criminal justice system*, disponible sur :

https://d19ylpo4aovc7m.cloudfront.net/fileadmin/howard_league/user/pdf/Privatisation_audit_-_full_version.pdf

Hucklesby A. (2009), "Understanding offenders' compliance : a case study of electronically monitored curfew orders", 36 *Journal of Law and Society*, 248.

Hucklesby A. (2011), “The working life of electronic monitoring officers”, 11 *Criminology and Criminal Justice*, 1.

Hucklesby A. (2013), “Compliance with Electronically Monitored Curfew Orders: Some Empirical Findings”, *in* Crawford A. et Hucklesby A. (Dir.), *Legitimacy and Compliance in Criminal Justice*, Routledge.

Mair G. (2011), “The community order in England and Wales : Policy and Practice”, 58 *Probation Journal*, 215-232.

National Audit Office (2013), *The Ministry of Justice’s electronic monitoring contracts*, disponible sur :

http://www.nao.org.uk/wp-content/uploads/2013/11/10294-001-MoJ-Electronic-Monitoring_final.pdf

Nellis M. (2010), “Electronic monitoring, satelite tracking and public protection” *in* Nash M. et Williams A. (Dir.), *The Handbook of Public Protection*, Cullompton : Willan.

Nellis M. (2014), “Upgrading electronic monitoring, downgrading probation: Reconfiguring 'offender management' in England and Wales”, 6 *European Journal of Probation*, 169.

Nellis M., Beyens K. et Kaminski D. (Dir.) (2012), *Electronically monitored punishment : International and critical perspectives*, Cullompton : Willan.

Padfield N. (2010), “Discretion and decision-making in public protection” *in* Nash M. et Williams A. (Dir.), *The Handbook of Public Protection*, Cullompton : Willan.

La surveillance électronique. L'expérience du système pénitentiaire argentin

Carlos A. MAHIQUES

Magistrat. President Sala III. Cámara Nacional de Casación en lo Criminal y Correccional, Buenos Aires (Argentine).

En Amérique latine, l'Argentine a fait œuvre de pionnier en matière de recours à la surveillance électronique. Cette mesure a été utilisée pour la première fois en 1997, exclusivement pour des malades en phase terminale et des personnes âgées.

Mais le contexte a changé car, ces dernières années, la population carcérale en Argentine n'a pas cessé d'augmenter. Par conséquent, il est impératif de s'engager dans une nouvelle réflexion.

En 2012, ont été prononcées sur l'ensemble du territoire national, 29 773 condamnations, dont 19 517 concernaient des infractions commises contre la propriété, et 4 979 des infractions contre les personnes. Sur ces 29 773 condamnations, 18 084 (soit 60 %) correspondent à des peines inférieures à trois ans d'emprisonnement et donc à des condamnations conditionnelles (*suspension de juicio a prueba*). Ce qui veut dire que 6 personnes sur 10, ont été condamnées à des peines alternatives à l'emprisonnement.

Malgré ce constat, le taux d'incarcération a triplé ces quinze dernières années en Argentine et s'élève actuellement à 160 pour 100 000 habitants.

On est passé de 53 337 personnes écrouées en 2008, à 64 109 en 2013, dont 51 % sont en détention provisoire (soit 31 000 personnes), ce qui situe l'Argentine, selon l'Office des Nations Unies contre la drogue et le crime, au 18ème rang des pays ayant le plus grand nombre de détenus en détention provisoire, derrière la Russie et devant Monaco. Cette hausse de la population carcérale a poussé le système pénitentiaire argentin aux limites de sa capacité, problème rencontré tant au niveau national que provincial.

En effet, la région Buenos Aires (province majeure du pays, avec 17 millions d'habitants et une superficie équivalente à celle de l'Italie), plus de 34 000 personnes se trouvent incarcérées dont 70 % sont en détention provisoire.

Le recours au bracelet électronique s'est ainsi développé en Argentine afin d'apporter une réponse aux limites de l'incarcération et aux problèmes de surpopulation dans les établissements pénitentiaires. Toutefois, l'Argentine semble loin d'utiliser pleinement l'arsenal législatif existant.

Les mesures de placement sous surveillance électronique ne concernent qu'un très faible nombre de condamnés et sont encore très peu développées quantitativement.

En témoigne ainsi l'expérience vécue par la province de Buenos Aires, dont les résultats obtenus sont peu satisfaisants. Dans cette province, entre 2002 et 2013, soit presque 11 ans, seulement 3 339 mesures d'aménagement de peine sous le régime du placement sous surveillance électronique ont été prononcées. Selon les données statistiques, sur ces années, la surveillance électronique a connu un taux de croissance de 239 %.

En effet, au mois de décembre 2002 il y avait 132 placements en cours, alors qu'au mois de décembre 2013 (année significative dans cette évolution) 409 placements sous surveillance électronique ont été accordés. Actuellement, au 31 mars 2014 (derniers chiffres en date), seulement 447 détenus ont été incorporés au système.

Le décryptage des statistiques éclaire le public des condamnés ayant bénéficié d'une mesure de surveillance électronique et il en ressort que la nature des infractions recouvre un large champ : vols (y compris la tentative, 36,5 %), trafic de stupéfiant (23,7 %), homicides volontaires (y compris la tentative, 17 %), viols et délits sexuels (8,9 %), usage d'arme à feu (et port illégal d'arme, 1,3 %).

L'ensemble des données statistiques montre donc que si le taux de croissance annuelle des placements sous surveillance électronique apparaît de prime abord très important (239 % précité), le nombre de mesures ordonnées en presque 11 ans (3 339) reste très limité.

Quant au dispositif technique utilisé : celui-ci comprend un émetteur, qui se présente sous la forme d'un bracelet posé au poignet ou à la cheville (« *pulserita* » ou « *tobillera* ») et sa portée est d'environ 20 mètres.

Le bracelet électronique est un système à émission continue, et met en relation l'émetteur, qui est placé au domicile de la personne surveilée, et le récepteur qui est relié à une ligne téléphonique et placé sur un terminal de contrôle.

Par conséquent, pour bénéficier d'un placement sous bracelet électronique, les demandeurs doivent remplir des conditions matérielles particulières afin d'installer le dispositif technique. Ils doivent notamment avoir un domicile fixe ou un hébergement stable et posséder une ligne téléphonique.

Or, les plus grands inconvénients du placement sous surveillance électronique relevés par l'expérience argentine, portent notamment sur les conditions d'accès à la mesure.

Selon les chiffres officiels du Ministère de la Justice, le Service pénitentiaire de Buenos Aires (chargé du contrôle) a acquis, au 31 mars 2014, un total de 447 unités de surveillance électronique, dont seulement 418 fonctionnent pleinement.

Concernant les unités du Service Pénitentiaire engagés, 29 sont donc en attente de fonctionnement. Les difficultés techniques (46 % des cas), la nécessité d'un domicile fixe (13 % des cas) et d'une ligne téléphonique fixe (14 % des cas), apparaissent comme des obstacles majeurs au développement du mécanisme.

En moyenne seulement 300 dispositifs électroniques peuvent en effet fonctionner simultanément et c'est la raison pour laquelle une « liste d'attente » a été mise en place. Ceci veut dire, qu'actuellement, près de 29 détenus qui ont obtenu une décision judiciaire favorable à leur incorporation au système de surveillance électronique, ne peuvent cependant y accéder.

L'une des fortes inquiétudes concerne donc l'égalité d'accès à la mesure de placement sous surveillance électronique. On peut penser que le système est inaccessible aux personnes ayant peu de ressources et on peut même craindre que la responsabilité internationale de l'État argentin puisse être engagée en raison des violations des articles 1, alinéa 1, art. 2 et 7 de la Convention Américaine des Droits de l'Homme et des articles 2 et 9 du Pacte

International des Droits civils et politiques (normes à rang constitutionnel).

En ce qui concerne les effets positifs du placement sous surveillance électronique : outre la réduction de la population carcérale, l'efficacité dans la prévention de la récidive et le faible coût, sont des arguments généralement avancés à l'appui de cette mesure.

Cependant, en Argentine, le bilan est mitigé. Premièrement, en ce qui concerne la réduction de la population carcérale. Comme on l'a vu, le nombre de placements sous surveillance électronique n'est pas dans notre pays suffisamment important et significatif pour que son impact sur la population pénitentiaire soit effectivement mesurable et significatif. De plus, ce n'est que dans les cas des aménagements de fin de peine qu'il y a effectivement une diminution de la population détenue et non pas lorsque le placement sous surveillance électronique consiste en une alternative à l'emprisonnement (substitution *ab initio*). Par conséquent, le placement sous surveillance électronique ne s'est pas révélé comme étant, encore aujourd'hui en Argentine, le meilleur moyen de lutte contre la surpopulation carcérale.

Deuxièmement en ce qui concerne la prévention de la récidive, pour évaluer l'efficacité de la surveillance électronique on pourrait comparer la proportion des condamnés ayant bénéficié d'un aménagement de peine, et ceux ayant effectué leur peine sous le régime de la surveillance électronique. Dans une étude récente (*"Criminal Recidivism after Prision and Electronic Monitoring"*, 2012*)*, R. Di Tella et E. Schargrodsky ont démontré que le taux de récidive des personnes ayant été incarcérées est de 25,1 % contre 17,4 % pour celles qui ont été placées sous surveillance électronique. L'étude montre aussi des écarts significatifs en matière de récidive. Toutefois, en dépit d'une expérimentation laissant présager des résultats satisfaisants, le placement sous surveillance électronique repose sur une sélection des cas jugés les plus aptes à bénéficier d'une telle mesure. Il s'agit de profils bien différents et donc incomparables.

Troisièmement, le système de surveillance électronique est réputé moins couteux que l'incarcération et permet de préserver les liens familiaux lorsqu'ils existent. On estime en effet que le coût journalier d'une mesure de placement sous surveillance électronique est d'environ 30 $ (pesos argentins) ce qui fait un coût mensuel d'environ 930 $ (soit environ 39 euros par mois). Le coût moyen d'une journée de détention est quant à lui d'environ 55,5 $, ce qui fait un coût mensuel par détenu d'environ 1 721 $ (soit environ 172 euros par mois).

Le système présente ainsi des avantages économiques considérables (39 euros mensuels au lieu de 172 euros). Ce faible coût est même peut être la raison première de son développement. Il est alors possible de remettre en question son rôle de resocialisation.

En effet, on peut regretter que le placement sous surveillance électronique ne s'inscrive pas dans le cadre d'un suivi social du condamné tendant à sa réinsertion et que l'utilisation de la technologie dans l'exécution de la peine déshumanise le contrôle et le suivi des condamnés.

Le placement sous surveillance électronique ne doit pas être considéré comme la solution aux problèmes de la détention, notamment en raison de son coût !

Enfin, le bracelet serait réputé inviolable. Or en Argentine plusieurs incidents se sont produits : bracelets arrachés, matériel détérioré, déclenchements d'alarmes répétés, évasions.

C'est sans doute à partir de quelques affaires médiatisés comme celui connu comme le *triple meurtre de Campana* de 2008, lié à l'activité des trafiquants d'éphédrine, qui a relancé le débat sur l'efficacité de la surveillance électronique et a ralenti l'évolution de cette mesure dans le pays.

Selon les sources du Ministère de la Justice, les violations du système de surveillance électronique représentent sont de 7 %. En fait, le système repose sur le degré de confiance qu'inspire le condamné, étant donné qu'il ne s'avère pas très difficile d'enlever le bracelet.

Par ailleurs, le placement sous surveillance électronique ne convient pas à tous les condamnés car il nécessite un environnement favorable à la bonne exécution de la mesure et un certain équilibre personnel pour pouvoir se plier à une contrainte quotidienne.

L'impact psychologique du bracelet électronique apparaît très important et rend la mesure difficilement supportable pour de longues durées. On parle à ce propos de « prison à domicile » ou des « des barreaux dans la tête ». Certains auteurs ont même considéré la surveillance comme une intrusion trop importante dans l'espace privé.

En conclusion, après 17 ans d'expérience les résultats promis par le bracelet électronique ne sont finalement pas aussi satisfaisants que les données brutes peuvent le laisser imaginer. Mais tout cela s'inscrit dans une crise de l'ensemble du système pénal argentin qui, certainement, mérite une discussion plus approfondie.

Rapport de synthèse

Frédéric STASIAK
Professeur à l'université de Lorraine (France)

Il convient d'emblée de féliciter chaleureusement les concepteurs de ce 3ème Congrès international du Comité International des Pénalistes Francophones pour le thème retenu : « Droit pénal et nouvelles technologies ». Ce choix apparaît aussi riche que passionnant, comme l'atteste la diversité des contributions proposées.

Si une réserve devait être formulée, elle porterait sur le choix de l'auteur du rapport conclusif, qui utilise aussi peu les capacités de son ordinateur que celles de son cerveau et redoute d'être un jour l'auteur d'un « computericide », persuadé que les ordinateurs refusent parfois de fonctionner parce qu'ils ne l'aiment pas. Un PET scan pourrait alors révéler une anomalie cérébrale, caractéristique d'une inaptitude à utiliser un ordinateur et cause possible d'une atténuation de sa responsabilité pénale ; une surveillance électronique serait envisageable, antérieurement et/ou postérieurement à son procès dématérialisé. A moins que, d'ici là, une surveillance électronique généralisée à tous les individus, couplée à un scanner aux performances démultipliées, ne permette d'anticiper son comportement : l'on serait passé du « *surveiller et punir* » de Michel FOUCAULT, au « *surveiller et prévenir* », propre à certaines œuvres de science-fiction, qui font souvent peu de cas des droits fondamentaux des individus ...

Mais à ce jour et de façon plus rationnelle, les contributions soumises à ce Congrès permettent de dégager deux axes susceptibles de structurer ce rapport conclusif : l'apport des nouvelles technologies au regard, d'une part, de la responsabilité pénale (I) et, d'autre part, de la dématérialisation du procès pénal, *lato sensu* (II).

I. Nouvelles technologies et responsabilité pénale

Les nouvelles technologies ont, d'une certaine manière, permis l'instauration d'une responsabilité pénale spécifique à la cybercriminalité (A) et un renouvellement de la détermination de la responsabilité pénale des individus (B).

A. Nouvelles technologies et instauration d'une responsabilité pénale spécifique à la cybercriminalité

Le droit pénal a dû intervenir afin de sanctionner les atteintes au système informatique, à travers la notion de « *cybercriminalité* ». Mohamed CHAWKI a bien mis en exergue les difficultés à appréhender cette notion « *protéiforme* » et « *internationale* », qui regrouperait « *toutes les infractions pénales tentées ou commises à l'encontre ou au moyen d'un système d'information et de communication* ». Cette délinquance particulière supposerait la mise en place de dispositifs dédiés, tels que la formation des magistrats, l'extension de la compétence des JIRS, la clarification des règles de compétence territoriale ou la création d'une instance interministérielle relative à l'ensemble des questions liées au numérique.

Plus spécifiquement, Audrey GUINCHARD a démontré l'évolution de la prise en compte de la cybercriminalité par l'entreprise en droits international et européen, passant de « *l'entreprise-victime* » à *l'entreprise-instrument de lutte contre la cybercriminalité* ». D'abord, une démarche préventive aurait été préconisée en raison des exigences croissantes en matière de cybersécurité ; puis, une politique de gestion des risques serait apparue, avec l'esquisse d'une responsabilité pénale des personnes morales, mais avec des difficultés liées à la taille des entreprises qui « *influe considérablement sur leurs capacités à intégrer une culture de la cybersécurité* ».

B. Nouvelles technologies et détermination de la responsabilité pénale des individus : l'apport des neurosciences

La réception des neurosciences par les différents systèmes juridiques apparaît encore limitée, le tout étant de savoir s'il faut l'approuver ou le déplorer. D'abord, à travers une analyse de différents cas tirés de la jurisprudence, Martha Georgia GKOTSKI a établi la prise en compte limitée des neurosciences au Etats-Unis tout en relevant un glissement – un dérapage ? - possible de l'utilisation des neurosciences, et plus particulièrement de la neuroimagerie. Celle-ci jouerait moins dans l'évaluation de la responsabilité pénale que dans la détermination du quantum de la peine, notamment lorsque la peine de mort est encourue. Mais il pourrait s'agir d'un instrument « *à double tranchant* » permettant de déterminer aussi de la dangerosité de l'individu ou son aptitude à bénéficier d'une libération conditionnelle. Apparaîtrait alors un « *domaine émergent* » des neurosciences, auquel il conviendrait de prêter la plus grande attention en raison du risque pour les libertés individuelles.

Ensuite, Federica COPPOLA a mis en relief les hésitations de la doctrine et de la jurisprudence italiennes relatives à l'apport éventuel des neurosciences dans la détermination de « *l'imputabilita* ». Il s'agirait de concilier « *la normativité* – obsolète - *du droit pénal* » et « *l'empirisme neuroscientifique* » en pleine croissance afin de « *surmonter l'asymétrie constante entre le discours scientifique et le discours juridique* ». Sans doute faut-il prendre garde aussi à ne pas tomber dans l'asymétrie inverse, car il semble évident que l'on ne peut réduire une personnalité, fût-elle criminelle, à un PET scan de son cerveau.

II. Nouvelles technologies et dématérialisation du procès pénal

Au-delà de leurs enjeux affirmés, sans être toujours pleinement justifiés (A), les nouvelles technologies recèlent des dangers avérés pour les libertés individuelles (B).

A. Des enjeux affirmés sans être pleinement justifiés

Les nouvelles technologies paraissent posséder, de prime abord, d'indéniables avantages en procédure pénale. Comme l'a justement souligné Rodrigo de SOUZA COSTA, la visioconférence permet d'éviter le déplacement d'une personne emprisonnée pour une audience ; le « *procès électronique* » peut faciliter la transmission d'actes de la procédure, sous réserve de maîtriser l'outil informatique, entraînant ainsi une accélération des procédures propre à satisfaire l'exigence d'un délai raisonnable du procès pénal.

De fait, lorsque l'on s'intéresse aux justifications de la surveillance électronique, les mêmes arguments semblent revenir de façon récurrente, expliquant son développement et sa présence dans de nombreux pays. Ainsi, la surveillance électronique, qu'elle soit considérée comme une modalité du contrôle judiciaire, comme une peine ou comme une condition de la libération conditionnelle, permettrait d'assurer un triple objectif : la lutte contre la surpopulation carcérale ; la réduction des coûts liés à l'incarcération et la diminution du risque de récidive.

Cependant, les différentes contributions sur ce sujet ont largement relativisé ces avantages : la réduction effective sur la surpopulation carcérale n'est nullement démontrée ; la diminution du risque de récidive s'expliquerait, en grande partie, par les caractéristiques des personnes choisies et non par l'efficacité de la mesure ; la réduction des coûts ne semble acquise que si les dépenses prises en compte sont limitées à la seule technologie mise en œuvre. Cette « *prison domiciliaire* », pour reprendre l'expression d'Adriano JAPIASSU, n'a d'intérêt que si elle se substitue véritablement à l'incarcération et non si elle ne fait qu'accentuer le contrôle pesant sur des individus qui seraient restés libres sans cette technologie.

Ceci rejoint la problématique de Julie DESROSIERS qui démontre que la surveillance électronique est un « *phénomène marginal* » au Canada et, surtout, au Québec. A l'issue d'une analyse approfondie dans cette province, la conclusion s'est imposée « *d'une mesure coûteuse et inefficace, qui contribuait à l'élargissement du filet pénal sans pour autant améliorer la sécurité publique ou les perspectives de réhabilitation des contrevenants* », d'autres provinces canadiennes (Alberta, Terre-Neuve-et Labrador) l'ayant même supprimé en raison de restrictions budgétaires.

Carlos A. MAHIQUES, pour l'expérience argentine, fait état d'un « *bilan mitigé* » de la surveillance électronique qui nécessite un environnement favorable, un équilibre personnel pour la mise en place d'une mesure dont même « *l'inviolabilité apparaît illusoire* ».

B. Des dangers avérés pour les libertés individuelles

« *L'ambivalence* » des nouvelles technologies a bien été démontrée par Philomène NASR pour le droit libanais, à la fois instrument de protection de l'anonymat de certains témoins et outil de prévention des crimes les plus graves, comme le terrorisme notamment. La question de la conciliation du respect des libertés fondamentales de l'individu et de la protection des victimes se pose alors avec une particulière acuité.

Il a par ailleurs été démontré, par J.-M. RASCAGNERES, que le droit andorran se montrait protecteur du respect de la vie privée et du secret des correspondances, même si ces garanties pouvaient céder dans certains cas, en matière de terrorisme ou de trafic de stupéfiants par exemple. Pour autant, certaines difficultés persistaient au regard du principe de loyauté dans la recherche des preuves, s'agissant de la géolocalisation des téléphones portables ou des véhicules et de la sonorisation des cellules des services de police ou des salles de visites des centres de détention.

L'intrusion dans la sphère privée soulève également des difficultés relatives au respect des droits fondamentaux lorsque la surveillance est assurée par des entreprises privées. Ce qui revient à poser, avec Nicola PADFIELD, la question qui dépasse les cas de l'Angleterre ou du Pays de Galles, de « *la moralité de privatisation de la sanction* » et, notamment, du fait que des entreprises privées puissent en tirer profit.

Au vu de l'ensemble des contributions présentées, et qui n'ont sans doute pas épuisé le sujet, il apparaît délicat de conclure autrement que par un truisme : prendre garde à ce que le juge pénal ne s'en remette pas systématiquement aux nouvelles technologies mais, au contraire, que celles-ci restent un outil, parmi d'autres, à sa libre disposition.

Table des matières

Comité International des Pénalistes Francophones

Conseil de Direction

PRÉSIDENT

Jean-Paul CÉRÉ

Maître de Conférences à l'Université de Pau (France)
Vice Président de l'Association Française de Droit Pénal

VICES-PRÉSIDENTS

Kazumasa AKAIKE

Professeur à l'Université Ryukoku de Kyoto (Japon)
Doyen honoraire de la Faculté de droit

Carlos Eduardo JAPIASSÚ

Professeur à l'Université d'Etat de Rio de Janeiro (Brésil)
Président de l'Association Brésilienne de Droit Pénal
Secrétaire général de l' Association Internationale de Droit Pénal

Leonid GOLOVKO

Professeur à l'Université d'Etat de Moscou Lomonossov (Russie)
Directeur du centre de procédure pénale et de la justice

Khaly NIANG

Avocat au Barreau de Paris
Président de l'Académie Internationale des Hautes Etudes sur la Sécurité, Dakar (Sénégal)

SECRETAIRE GENERAL

Ann JACOBS

Professeur à l'Université de Liège (Belgique)
Directrice de l'Unité de droit pénal et de procédure pénale

TRESORIER

François FOURMENT

Professeur à l'Université François Rabelais de Tours (France)

Membres Correspondants

Ndiaw DIOUF
Professeur à l'Université Cheikh Anta Diop de Dakar (Sénégal)
Doyen de la Faculté des sciences Juridiques et Politiques

Joseph A. HADDAH
Avocat au barreau de Beyrouth (Liban)

Margarida GARCIA
Professeur à l'Université d'Ottawa (Canada)

Aleksandras GONČARKO
Professeur à l'Université Mykolas Romeris (Lituanie)

Audrey GUINCHARD
Professeur à l'Université d'Essex (Royaume-Uni)

Mohamed JAOUHAR
Professeur à l'Université de Casablanca (Maroc)
Vice Doyen de la Faculté de Droit

Christian JAËGER
Professeur à l'Université de Bayreuth (Allemagne)

Manon JENDLY
Maître d'enseignement et de recherche à l'Université de Lausanne (Suisse)

André KUHN
Professeur à l'université de Neuchâtel (Suisse)

Katalin LIGETI
Professeur à l'Université du Luxembourg (Luxembourg)

Valérie MALABAT
Professeur à l'Université de Bordeaux (France)

Carlos Alberto MAHIQUES

Président de chambre du Tribunal de Cassation pénal, Buenos Aires (Argentine)
Professeur à l'Université de Buenos Aires

Mostefa MAOUENE
Professeur à l'Université Sidi bel abbès (Algérie)

Anabela MIRANDA RODRIGUES
Professeur à l'Université de Coimbra (Portugal)
Doyen de la faculté de droit

Yvan MONTOYA
Professeur à l'Université Pontificale Catholique du Pérou à Lima (Pérou)

Philomene NASR
Professeur à l'Université Libanaise (Liban)
Doyen de la Faculté de droit

Nicky PADFIELD
Professeur à l'Université de Cambridge (Royaume-Uni)

Théodore PAPATHEODOROU
Recteur de l'Université du Péloponnèse (Grèce)

Hugues PARENT
Professeur à l'Université de Montréal (Canada)

Priit PIKAMÃE
Président de la Chambre criminelle à la Cour Suprême d'Estonie (Estonie)

Xavier PIN
Professeur à l'Université de Lyon 3 (France)

Jean PRADEL
Professeur émérite de l'Université de Poitiers (France)
Président honoraire de l'Association Française de Droit Pénal

Pierre RAINVILLE
Professeur à l'Université de Laval (Canada)

Joan Miquel RASCAGNERES
Avocat au Barreau d'Andorre (Andorre)
Ancien Bâtonnier
Ancien Membre du CPT (Conseil de l'Europe)

Jean-Christophe SAINT-PAU
Professeur à l'Université de Bordeaux (France)
Doyen de la faculté de Droit
Directeur de l'Institut de Sciences Criminelles et de la Justice

Altin SHEGANI
Professeur à l'Université de Tirana (Albanie)
Doyen de la Faculté de droit

Yuji SHIRATORI
Professeur à l'Université d'Okkaido (Japon)

Rosaria SICURELLA
Professeur à l'Université de Catania (Italie)

Piotr STENIAK
Professeur à l'Université de Poznan (Pologne)

Florin STRETEANU
Professeur à l'Université de Cluj-Napoca (Roumanie)
Doyen de la Faculté de Droit

Anas TALBI
Professeur à l'Université de Marrakech (Maroc)
Président du groupe Marocain de Droit Pénal

Tudorel TOADER
Professeur à l'Université de Lasi (Roumanie)
Doyen de la Faculté de droit
Membre de la Cour constitutionnelle

Hongyu WANG
Professeur à l'Université de Hainan (Chine)

Xiaowei ZHANG
Professeur à l'Université de Shangai (Chine)

Questions juridiques aux éditions L'Harmattan

Dernières parutions

DIVORCE (LE) DU CHEF D'ENTREPRISE
Artiste, libéral, artisan, commerçant, actionnaire
Se marier, payer, divorcer
Rond Patrice
Patrice Rond, expert financier auprès des tribunaux, donne dans cet ouvrage les clés incontournables qui permettent à un entrepreneur, quel qu'il soit, d'anticiper sur ses droits et ses risques en cas de divorce. Prendre les bonnes décisions de protection de son patrimoine en choisissant les bons contrats de mariage, savoir changer de régime matrimonial quand il s'avère inadapté est tout à fait possible et souhaitable.
(16.50 euros, 158 p.)
ISBN : 978-2-343-05282-3, ISBN EBOOK : 978-2-336-36540-4

L'EXPERTISE NON JUDICIAIRE À L'AUNE DES DROITS FONDAMENTAUX
Goujon-Bethan Thibault
L'expertise déjudiciarisée est en plein essor, d'une part parce que l'avis d'experts se révèle indispensable dans un nombre croissant de matières juridiques irriguées par la technique (construction, dommage corporel), et d'autre part, car la recherche d'une efficacité économique conduit à minimiser le recours au juge. Cet ouvrage est conçu comme un mode d'emploi pour aider à la décision.
(Coll. Droit privé et sciences criminelles, 21.00 euros, 196 p.)
ISBN : 978-2-343-05335-6, ISBN EBOOK : 978-2-336-36778-1

TRANSPARENCE (LA) FINANCIÈRE DES ÉLUS POLITIQUES FRANÇAIS
Les conséquences des mesures législatives de 2013
Cael Céline - Préface de Sébastien Jakubowski ; postface de Pierre-Yves Néron
Cet ouvrage veut étudier les apports des lois et dispositifs mis en œuvre pour lutter contre la corruption depuis l'affaire Cahuzac, avec notamment la mise en place d'une haute Autorité pour la Transparence de la Vie Publique, le durcissement des conditions d'éligibilité, l'encadrement du *lobbying*, la naissance d'un procureur financier,... L'auteur analyse les conséquences de ces mesures et rend compte à l'aide d'entretiens d'élus politiques, des résistances de ces derniers à une publicité financière envers les citoyens.
(Coll. Logiques sociales, 21.00 euros, 214 p.)
ISBN : 978-2-343-05013-3, ISBN EBOOK : 978-2-336-36817-7

QUI A PEUR DE LA NOUVELLE PEINE SANS PRISON ?
Ajouter du «lien» et non du «rang» pour réussir la contrainte pénale et en finir avec la récidive
Delamotte Danielle
La contrainte pénale, nouvelle peine sans prison, fait peur. Car, ce qu'on retient d'elle, c'est qu'elle évite la prison. Le sujet est pourtant plus complexe et plus nuancé. Les psychologues et les criminologues s'accordent à dire que la délinquance est la maladie du lien. Pour soigner cette maladie, il faut s'intéresser à la personne et la placer au centre de la réflexion pour envisager la «contrainte pénale» sous un autre angle.
(11.50 euros, 86 p.)
ISBN : 978-2-343-04717-1, ISBN EBOOK : 978-2-336-36487-2

JUSTICE (LA) PÉNALE INTERNATIONALE EN AFRIQUE
Aspects juridiques, défis et perspectives
Diakité Kémoko - Préface du professeur Alioune Sall
Cet ouvrage met en exergue le contexte de création ainsi que les aspects juridiques et judiciaires des juridictions pénales internationales en Afrique, notamment le TPIR (Tribunal Pénal International pour le Rwanda), la CPI (Cour Pénale Internationale)... Il montre également les défis et les perspectives de la Justice pénale internationale en Afrique.
(23.00 euros, 234 p.)
ISBN : 978-2-343-05050-8, ISBN EBOOK : 978-2-336-36705-7

GOUVERNANCE, ENJEUX ET MONDIALISATION
Recherche sur les politiques environnementales de zonage maritime
Le challenge maritime de la France de Méditerranée et d'Outre-mer
Sous la direction de François Féral et Bernard Salvat
Dans le Pacifique et l'Océan Indien, la France ne participe pas très activement au mouvement de création d'aires marines protégées géantes alors que les possibilités y sont grandes. En métropole et Outre-mer, la mise en place des parcs naturels marins apparaît laborieuse. Le programme Gouvernance des Grandes Aires Marines Protégées a donné l'occasion à deux équipes de se pencher sur ce phénomène institutionnel majeur dans la conduite globale des politiques de protection des mers et des océans.
(23.00 euros, 218 p.)
ISBN : 978-2-343-04160-5, ISBN EBOOK : 978-2-336-36489-6

COLLECTIVITÉS TERRITORIALES ET ORGANISATIONS RÉGIONALES
De l'indifférence à l'interaction
Sous la direction de Danielle Perrot
Cet ouvrage traite des modes d'insertion des collectivités territoriales dans des organisations internationales conçues par leurs États de rattachement dans diverses régions du monde. Ces collectivités, ou «entités infra-étatiques» selon le droit international, sont souvent oubliées lors des débuts de ces constructions régionales. Elles tentent d'obtenir d'être représentées, et leur participation peut générer une interaction moins inégalitaire.
(Coll. Grale, 47.00 euros, 488 p.)
ISBN : 978-2-343-05111-6, ISBN EBOOK : 978-2-336-36639-5

ÉTHIQUE (L') DE L'AVOCAT PÉNALISTE
Rude-Antoine Edwige
Préface de Jean Danet
L'avocat est représenté, dans la fiction, sous les traits d'un être ambigu, sans cesse sur le fil... ce livre tente d'en approcher la réalité, qui est tout autre. Quelles relations d'ordre éthique l'avocat entretient-il avec lui-même mais aussi avec l'autre : son client, qu'il soit prévenu ou accusé, les jurés, les magistrats ? Peut-on parler du rapport de l'avocat à la vérité ? Comment peut-il construire des lignes de défense tout en restant partenaire de justice ?
(Coll. Éthique en contextes, 21.00 euros, 208 p.)
ISBN : 978-2-343-05222-9, ISBN EBOOK : 978-2-336-36460-5

NAISSANCE DE L'OBSERVATOIRE DE LA RÉCIDIVE ET DE LA DÉSISTANCE
Un long processus inachevé
Tournier Pierre V.
L'analyse de la récidive aurait logiquement dû relever de la compétence de l'Observatoire national de la délinquance et des réponses pénales placé sous l'autorité du Premier ministre. Mais sous l'impulsion de Christiane Taubira le choix s'est porté sur la création d'un observatoire *ad hoc* de plus, dépendant du ministère de la Justice : l'Observatoire de la récidive et de la désistance (août 2014). Ne s'est-on pas ainsi privé des outils d'une évaluation indépendante de la loi du 15 août 2014 sur la contrainte pénale et la libération sous contrainte ?
(Coll. Criminologie, 19.00 euros, 184 p.)
ISBN : 978-2-343-05118-5, ISBN EBOOK : 978-2-336-36387-5

ÉLÉMENTS DE PRÉVENTION DU CRIME
Lemaître André
Cet ouvrage montre la diversité des modèles de prévention de la délinquance, leur spécificité mais aussi leur nécessaire complémentarité. Il insiste également sur l'obligation de veiller aux aspects éthiques des politiques de prévention mises en place. En effet, l'utopie d'une société débarrassée de toute forme de criminalité contient la disparition de toute liberté.
(Coll. Sciences criminelles, série Controverses, 15.50 euros, 160 p.)
ISBN : 978-2-343-04666-2, ISBN EBOOK : 978-2-336-36324-0

SEXUALITÉ (LA) À L'ÉPREUVE DU COUPLE
Les révélations d'une avocate
Dalbin Agnès
Dans la majorité des divorces, les difficultés d'ordre sexuel sont souvent pointées du doigt comme une cause majeure de la rupture. S'appuyant sur les confidences recueillies lors de ses entretiens avec les couples qui divorcent, l'avocate Agnès Dalbin tente d'apporter son éclairage personnel sur cette problématique. Ce livre évolue comme une véritable histoire humaine, du mariage au divorce, en passant par la parentalité et l'après-divorce.
(Coll. La justice au quotidien, 13.50 euros, 118 p.)
ISBN : 978-2-343-04938-0, ISBN EBOOK : 978-2-336-36399-8

DROIT (LE) DU HANDICAP ET LA GESTION DU PATRIMOINE CULTUREL
Vers un modèle européen ?
B. Degros Eric
La rencontre entre le droit du handicap et le droit du patrimoine peut conduire à une confrontation d'intérêts contradictoires, nécessitant de trouver un équilibre entre le principe de l'accessibilité et le respect de l'authenticité, en faveur d'une conservation durable du patrimoine culturel. Il apparaît essentiel de trouver un équilibre entre «le droit des gens» et celui «des pierres».
(40.00 euros, 424 p.)
ISBN : 978-2-343-04418-7, ISBN EBOOK : 978-2-336-36269-4

DROIT BANCAIRE ISLAMIQUE
Notions, mécanismes et protections pénales
Jafari Amin
Conçu comme un manuel de droit, l'ouvrage étudie trois thèmes principaux : la notion de finance islamique et son fonctionnement, les instruments bancaires islamiques et enfin la protection du système bancaire dans l'ensemble de ses instruments et fonctionnements. La 3e partie propose un regard classique de droit pénal des affaires en matière de droit bancaire de finance islamique. Les branches chiite et sunnite de la finance islamique ont été distinguées dès le départ, permettant ainsi une comparaison tout au long du livre.
(Coll. Sciences criminelles, 33.00 euros, 326 p.)
ISBN : 978-2-343-04637-2, ISBN EBOOK : 978-2-336-36380-6

DROIT (LE) INTERNATIONAL. ASPECTS POLITIQUES (Volume 1)
Sous la direction de Jacques Bouineau
Textes réunis par Burt Kasparian
Ces contributions invitent à réfléchir sur la recomposition contemporaine de l'espace méditerranéen et sur le droit international qui s'y applique, à partir d'exemples tirés des plus grandes civilisations méditerranéennes aux époques antique et médiévale. Elles invitent le lecteur à s'interroger sur les piliers de la Méditerranée dans le jeu des relations entre les hommes et les institutions, et à découvrir l'essence des réponses juridiques et politiques.
(Coll. Méditerranées, 16.50 euros, 158 p.)
ISBN : 978-2-343-04661-7, ISBN EBOOK : 978-2-336-36366-0

DROIT (LE) INTERNATIONAL. ASPECTS POLITIQUES (Volume 2)
Sous la direction de Jacques Bouineau
Textes réunis par Burt Kasparian
Ce volume offre une réflexion sur la recomposition de l'espace méditerranéen contemporain à partir de l'histoire ou de l'actualité. L'histoire est traitée de la période qui s'étend de la Renaissance à la fin du XIXe siècle. En ce qui concerne l'actualité, le jeu des emprunts et des modèles juridiques transparaît aussi bien dans la fiscalité internationale actuelle que dans les transpositions constitutionnelles du droit français en Égypte ou dans l'observation du fonctionnement de l'Europe.
(Coll. Méditerranées, 19.00 euros, 184 p.)
ISBN : 978-2-336-30904-0, ISBN EBOOK : 978-2-336-36367-7

L'HARMATTAN ITALIA
Via Degli Artisti 15; 10124 Torino

L'HARMATTAN HONGRIE
Könyvesbolt ; Kossuth L. u. 14-16
1053 Budapest

L'HARMATTAN KINSHASA
185, avenue Nyangwe
Commune de Lingwala
Kinshasa, R.D. Congo
(00243) 998697603 ou (00243) 999229662

L'HARMATTAN CONGO
67, av. E. P. Lumumba
Bât. – Congo Pharmacie (Bib. Nat.)
BP2874 Brazzaville
harmattan.congo@yahoo.fr

L'HARMATTAN GUINÉE
Almamya Rue KA 028, en face
du restaurant Le Cèdre
OKB agency BP 3470 Conakry
(00224) 657 20 85 08 / 664 28 91 96
harmattanguinee@yahoo.fr

L'HARMATTAN MALI
Rue 73, Porte 536, Niamakoro,
Cité Unicef, Bamako
Tél. 00 (223) 20205724 / +(223) 76378082
poudiougopaul@yahoo.fr
pp.harmattan@gmail.com

L'HARMATTAN CAMEROUN
BP 11486
Face à la SNI, immeuble Don Bosco
Yaoundé
(00237) 99 76 61 66
harmattancam@yahoo.fr

L'HARMATTAN CÔTE D'IVOIRE
Résidence Karl / cité des arts
Abidjan-Cocody 03 BP 1588 Abidjan 03
(00225) 05 77 87 31
etien_nda@yahoo.fr

L'HARMATTAN BURKINA
Penou Achille Some
Ouagadougou
(+226) 70 26 88 27

L'HARMATTAN SÉNÉGAL
10 VDN en face Mermoz, après le pont de Fann
BP 45034 Dakar Fann
33 825 98 58 / 33 860 9858
senharmattan@gmail.com / senlibraire@gmail.com
www.harmattansenegal.com

L'HARMATTAN BÉNIN
ISOR-BENIN
01 BP 359 COTONOU-RP
Quartier Gbèdjromèdé,
Rue Agbélenco, Lot 1247 I
Tél : 00 229 21 32 53 79
christian_dablaka123@yahoo.fr

627166 - Novembre 2015
Achevé d'imprimer par

1livre.com
du rêve à la réalité !